하나님, 다녀왔습니다

하나님, 다녀왔습니다

지은이 · 오오카와 쓰구미치
초판 발행 · 2015. 7. 20

등록번호 · 제1988-000080호
등록된 곳 · 서울특별시 용산구 서빙고로65길 38
발행처 · 사단법인 두란노서원
영업부 · 2078-3352 FAX 080-749-3705
출판부 · 2078-3331

책 값은 뒤표지에 있습니다.
ISBN 978-89-531-2268-0 03230

편집부에서 독자의 의견을 기다립니다.
tpress@duranno.com   http://www.duranno.com

두란노서원은 바울 사도가 3차 전도 여행 때 에베소에서 성령 받은 제자들을 따로 세워 하나님의 말씀으로 양육하던 장소입니다. 사도행전 19장 8-20절의 정신에 따라 첫째 목회자를 돕는 사역과 평신도를 훈련시키는 사역, 둘째 세계선교(TIM)와 문서선교(단행본 · 잡지) 사역, 셋째 예수문화 및 경배와 찬양 사역, 그리고 가정 · 상담 사역 등을 감당하고 있습니다. 1980년 12월 22일에 창립된 두란노서원은 주님 오실 때까지 이 사역들을 계속할 것입니다.

하나님, 다녀왔습니다

오오카와 쓰구미치 지음

두란노

오오카와 쓰구미치 목사의 설교에 있는 7가지 'S'

지금까지 출간된 여러 권의 설교집도 그렇지만 오오카와 목사의 설교에는 다음과 같은 7가지 특징이 있다.

첫째, Scripture, 즉 성경적이다. 설교니까 당연하다고 생각할지 모르지만, 그는 언제나 말씀을 충실하게 해석하는 설교를 한다. 그가 성경 본문에 바탕을 둔 설교를 하는 구루마다 아키지(車田秋次), 고바야시 가즈오(小林和夫, 둘 다 일본의 목사다)의 제자임을 자처하는 이유가 여기에 있다.

둘째, Spirituality, 즉 영성이 있다. 설교는 단순히 성경을 강의하거나 해설하는 것이 아니다. 설교가 살아 움직이는 능력의 말씀이 되려면 말씀에 바탕을 두는 것은 물론이고 설교자의 영적인 이해가 필요하다. 그럴 때 설교는 듣는 이의 영에 양식이 되고 삶에 변화를 일으킨다. 오오카와 목사의 설교가 바로 그렇다.

셋째, 오오카와 목사의 설교에는 Service 정신이 충만하다. Service는 예배라는 뜻도 있고 봉사라는 뜻도 있다. 목사는 예배의 중심이라고 할 수 있는 설교를 통해 서비스해야 한다. 이것이 오오카와 목사의 지론이다. 그의 설교가 언제나 새로운 것은 한 사람도 빈손으로 돌아가는 일이 없도록 하겠다는 그의 서비스 정신의 소산이라 할 수 있다.

넷째, Simplicity, '단순하다'는 뜻이 아니라 듣는 이가 이

해하기 쉽다는 뜻이다. '어려운 이야기를 재미있게, 재미있는 이야기를 깊이 있게, 깊이 있는 이야기를 부드럽게'라는 것이 이노우에 히사시(井上 ひさし, 일본의 소설가)의 신조라고 하는데 이는 오오카와 목사의 신조이기도 하다. 아무리 성경적이고, 영적이며, 훌륭한 설교라 하더라도 듣는 이가 이해하기 어렵다면 아무런 소용이 없다. 오오카와 목사의 설교는 알기 쉽고, 즐겁고, 깊이가 있는 것으로 정평이 나 있다.

다섯째, Sensibility하다. 그의 설교는 늘 농담으로 시작된다. 그는 상당히 재치 있는 농담으로 매번 듣는 이를 즐겁게 한다. 경이적일 정도로 놀라운 독서량을 자랑하는 오오카와 목사는 시대적 트렌트를 읽어 내는 감각도 세련되었다.

여섯째, '하나님의 말씀이 전해지는 곳에서는 늘 무언가 일어날 것이라는 기대감을 갖고 말씀을 전한다'는 오오카와 목사의 말처럼 그의 설교는 Sensational하다. 설교자 자신이 무언가 일어나리라는 기대감을 가지고 말씀을 전하다 보니 듣는 이도 영혼이 변화하고, 치유되고, 기적이 일어나는 경험을 하게 된다. 생각해 보면 복음은 십자가의 고난과 부활이라는 Sensational한 사건으로부터 시작된다. 그러므로 설교 중에 Sensational한 하나님의 역사가 일어날 것을 기대해도 좋지 않겠는가.

마지막으로 일곱째는 Satisfaction하다. 그의 설교는 듣는 이에게 충족감을 준다. 설교자는 자기 설교에 스스로 도취되어선 곤란하다. 먼저 메시지의 주체인 주 예수께서 만족해야 하고, 그런 다음 영혼의 갈급함을 갖고 모인 이들을 충족시켜야 한다. 오병이어 사건이 일어난 빈들에 모인 5천 명은 예수님에 의해 '모두가 먹고 만족했다'. 매주 천 명이 넘는 사람들이 오오카와 목사의 설교를 듣기 위해 모여든다. 그의 설교가 그들의 갈급함을 충족시키고 있다는 증거다.

　지난 50여 년을 그의 동역자로, 친구로 함께하면서 느낀 소회를 이렇게 짧게 요약해 봤다. 부디 이 설교집을 읽는 독자들에게 도움이 되기를 바란다.

　사족을 덧붙이자면, '일강다약'(一强多弱)이라는 말은 오늘날 일본 기독교의 모습을 설명하는 게 아닌가 한다. 유감스럽게도 일본에는 예배를 드리는 신도 수가 천 명을 넘는 교회가 한 곳밖에 없다. 그곳이 이 설교집의 저자인 오오카와 쓰구미치 목사가 목회를 하는 야마토갈보리교회다. 수적인 면에서 이 교회에 필적할 만한 곳은 유감스럽게도 지금까지 한 곳도 보지 못했다. 그 차이는 너무 커서 실로 '일강다약'

이라고 이야기하지 않을 수 없다. 요즘 나는 왜 일본 교회는 그 차이가 어디서 오는지를 진지하게 생각하지 않을까 하고 의아해한다.

물론 수가 많다고 교회답다고 말할 수는 없을 것이다. 하지만 그렇게 말하는 속내에는 한편으로 '일강'(一强)에 대한 시기도 있는 게 사실이다. 많은 수가 교회다움을 설명하지 못한다 할지라도 일단 편견을 버리고 진지하게, 아니 겸허하게 그 비결을 배우는 것이 오늘날 일본 교회에 필요하지 않을까 한다. 이 설교집이 그러한 배움의 귀한 실마리가 되리라 믿는다.

무라카미 노부미치(村上宣道)

(사카그리스도교회 협력목사, 오차노미즈 크리스천센터 이사장)

바람직한 목회 모델을
배울 수 있다

일본 야마토갈보리교회의 오오카와 목사님은 일본 교회의 가장 바람직한 미래 모형을 제시해 주는 목회자라고 생각한다.

첫째, 오오카와 목사님에게는 많은 사람들이 접근하기 쉬운 편안함이 있다. 사랑과 정이 느껴진다. 다양한 사람을 대상으로 사역을 해야 하는 목사로서는 큰 장점이다.

둘째, 목사님의 편안한 인품이 주일예배에서도 잘 나타난다. 예배의 전체적인 분위기도 자연스럽고, 예배의 진행도 원만하며 회중 찬양의 선곡과 찬양 인도자들에게서도 같은 것을 느낄 수 있다.

셋째, 외부인들이 쉽게 교회로 들어올 수 있도록 환영하는 글을 밖에 부착해 놓아 남의 집에 초청 없이는 잘 들어가지 않는 일본인들의 문화를 넘어서고 있다.

넷째, 새 교우와 새로 세례를 받은 사람들의 사진과 이름을 스크린에 올려 예배 시간 중에 온 성도가 함께 그들의 이름을 부르며 기도하고 금방 친숙해지도록 한다.

다섯째, 오오카와 목사님은 유머감각이 뛰어나 예배와 설교가 경건하면서도 듣기에 즐겁다. 인위적 유머가 아니고 자연스럽고 깨끗한 유머여서 모두가 함께 웃을 수 있다.

여섯째, 내주하시는 성령님을 의지하며 자유로운 목회 사역을 하기 때문에 설교에 감동이 있다. 목사님과 함께하시는 성령님이 교인들의 마음을 터치한다. 비신자라도 쉽고 편안하게 접근할 수 있는 목회자가 일본만이 아니라 어디에나 필요하다. 오오카와 목사님은 그 선두주자다. 그래서 오오카와 목사님이 담임하는 야마토갈보리교회가 계속해서 성장하는 모양이다.

교회가 성장하지 않는다는 일본에서도 꾸준히 성장하는 교회인 야마토갈보리교회의 오오카와 목사님의 설교가 한국어로 번역이 되어 한국에서도 접할 수 있게 되어 대단히 기쁘게 생각한다. 이 책이 널리 읽혀지도록 한국 독자들에게 감사한 마음으로 추천한다.

김상복

(햇불트리니티신학대학원대학교 총장, 할렐루야교회 원로목사)

생명 있는 메시지가
부흥의 비결이다

저는 약 40년 전에 "일본 선교는 아시아 전체를 변화시키는 기폭제가 될 것이다"라는 성령님의 말씀에 따라 일본을 방문하게 되었습니다. 그러나 일본 교회에 대한 정보가 전무한 상태여서 우선 주일예배에 200명 이상 참석하는 일본 교회 목회자의 메시지를 들어 보고 싶었습니다. 야마토 갈보리교회는 그때 여기저기 수소문하여 방문한 교회 중 하나입니다. 젊고 기운찬 오오카와 쓰구미치 목사님의 메시지를 경청하면서 이 메시지에는 청중에게 꿈과 희망을 주는 울림이 있다고 느꼈습니다. 그리고 그때 '이 목사님은 틀림없이 일본에서 지도적 역할을 하실 분'이라고 생각했습니다.

첫 만남 이래로 오오카와 쓰구미치 목사님과 저는 성회와 집회를 위해 협력한 것은 물론이고 1985년에 일본 1천만 구령과 전 아시아 교회 성장을 담당할 젊은 목회자 양성을 위해 ACG 신학원을 설립했을 때, 제가 원장에, 오오카와 목사님이 부원장에 취임해서 1999년까지 많은 일꾼을 배출해 왔습니다. 최근에는 교회 성장 세미나를 같이해 주시고, 성회 때는 교회 차원에서 협력해 주셨습니다. 오랜 세월을 변함없는 사랑으로 일본 선교를 위해 힘쓴 오오카와 목사님은 제게는 없어서는 안 될 동역자이자 벗입니다.

저는 50년이 넘는 목회 경험을 통해 교회 성장의 비결은 목회자의 메시지에 달려 있다고 확신하고 있습니다. 즉 교회 성장은 목회자가 얼마나 뜨겁게 설교에 생명을 불어넣느냐에 달린 것입니다. 뜨거운 기도와 함께 성령님의 도우심을 간절히 소망하며 열의와 확신을 가지고 성도들에게 희망을 주고 꿈을 주고 믿음을 주는 메시지가 있는 한 교회 성장은 이뤄질 것입니다.

이번에 오오카와 목사님의 설교집을 출판한다는 소식을 듣고 기쁜 마음을 감출 수가 없습니다. 왜냐하면 오오카와 목사님이야말로 교회 성장의 가장 중요한 비결인 메시지에 오랜 세월 생명을 불어넣어 오셨기 때문입니다.

이 책을 읽는 분들이 반드시 꿈과 희망, 믿음이 생기고, 나아가 천국에서의 축복은 물론 이 땅에서도 영육간에 강건한 삶을 누리게 될 것을 확신하는 바입니다.

마지막으로 이 책이 일본 1천만 구령을 위해 풍요롭게 사용되길 주님의 이름으로 축복합니다.

조용기

(DCEM 총재, 여의도순복음교회 원로목사)

CONTENTS

내 신조는 "아이에게도, 박학다식한 사람에게도 같은 말투로 어느 정도의 평이함"(프랑스 역사학자 마크 블로흐의 말)을 유지하며 이야기하는 것이다. 또 "어려운 이야기를 재미있게, 재미있는 이야기를 깊이 있게, 깊이 있는 이야기를 부드럽게"(일본의 소설가 이노우에 히사시의 말) 하는 것도 내 신조다.

"참으로 사람이 은혜에 푹 젖은 생활을 한다면, 깊이 사고(思考)하게 된다. 그렇지 않다면 하나님과의 골방 교제에 문제가 있는 것이다. 진실로 사고하는 것은 진실로 신학하는 것이다. 영적으로 하나님과 교제함으로써 얻어지는 결과 중 하나는, 인생에 대한 태도가 성실해진다는 것과 인생에 대해 참으로 깊은 통찰을 갖게 된다는 것이다. 신학한다는 것은 그런 의미에서 영적인 체험의 당연한 결과다."

이는 와타나베 젠다(渡辺善太, 일본의 전도자, 성서학자, 신학자)의 말인데 나는, 수십 년 동안 이 말을 마음에 품고, 그것을 목표로 삼고 걸어왔다. 만약 조금이라도 이에 가까운 설교를 하게 되었다면 진리의 영이신 하나님의 도우심 덕분이다.

기도하면서 이 책을 음미하며 읽어 준다면 그보다 기쁜 일이 없을 것이다. 수많은 성도들의 뜨거운 기도에 힘입어 매 주일을 맞이하고 목숨을 걸고 전해 온 설교다. 주의 축복과 긍휼하심이 함께하기를 기도한다!

오오카와 쓰구미치

(야마토갈보리교회 담임목사)

이는
신비한
　　비밀입니다

고린도전서 15:50-58

우스운 이야기를 하나 할까 합니다. 일종의 블랙 유머지요. 미국의 어느 마을에 백인들만 다니는 교회가 있었다고 합니다. 인종 차별이 심한 곳에서는 지금도 여전히 그렇다고 합니다. 한 흑인이 그 마을로 이사를 왔습니다. 주일에는 꼭 예배를 드리겠다고 결심한 그는 그 마을의 교회에 갔습니다. 그런데 교회 입구에서 "이곳은 당신이 올 곳이 아니니까 돌아가라"는 말을 듣고 쫓겨났습니다. 마음에 상처를 입은 그는 교회 밖에서 눈물을 흘리고 있었습니다. 그러자 그곳에 예수님께서 나타나셨습니다. 교회 사람들이 나와서 "아니, 예수님! 지금 예배를 드리고 있어요! 왜 교회 밖에 계십니까?" 하고 항의했습니다. 그러자 예수님은 이렇게 대답하셨습니다.

"나도 너희들이 교회 안으로 들여보내 주지 않았다."

이 교회는 예수님이 함께하시지 않는 교회입니다. 그런 교회는 교회가 아닙니다. 교회는 이웃의 평판을 두려워하지만 그보다 예수님의 평판이 더 중요합니다.

신비한 비밀

형제들아 내가 이것을 말하노니 혈과 육은 하나님 나라를 이어받을 수 없고 또한 썩는 것은 썩지 아니하는 것을 유업으로 받지 못하느니라 보라 내가 너희에게 비밀을 말하노니 우리가 다 잠 잘 것이 아니요 마지막 나팔에 순식간에 홀연히 다 변화되리니 나팔 소리가

나매 죽은 자들이 썩지 아니할 것으로 다시 살아나고 우리도 변화되리라(고전 15:50-52)

51절의 "내가 너희에게 비밀을 말하노니"를 GNT 영어성경은 "Listen to this secret truth"라고 번역하고 있습니다. 신비로운 진리를 너희에게 고백한다는 뜻입니다. 영어성경의 '신비한 진리'가 개역개정에서는 '비밀'로 번역되어 있습니다. 그래서 나는 '신비한 비밀'로 번역하고자 합니다. 그렇다면 무엇이 '신비한 비밀'이라는 걸까요?

첫째는 51절 말씀처럼 우리가 순식간에 변화한다는 점입니다. '순식간에 변화한다'는 것을 생각해 본 적이 있습니까? 52절에도 '변화한다'는 표현이 있습니다. 잘 기억하십시오. 그리스도인은 이 땅에 나서 자라지만 예수 그리스도를 믿음으로 말미암아 새롭게 다시 태어납니다. 'Born again 크리스천'입니다. 세례를 받았느냐가 아니라 새롭게 다시 태어났느냐 아니냐가 중요한 포인트입니다.

그런즉 누구든지 그리스도 안에 있으면 새로운 피조물이라 이전 것은 지나갔으니 보라 새 것이 되었도다(고후 5:17)

그리스도인은 세례를 받고, 주일이면 교회에 다니는 것에서 더 나아가 그리스도에게 접붙임되어야 합니다. 그랬을 때 비록 처음에는 설익은 감처럼 아직 떫고 부족한 존재라도 점점 사람의 입을 즐겁게 하는 단감으로 바뀌게 됩니다. 이때 중요한 것은 우리가 가지에 연결되어 그 가지를 통해 영양을 제대로 공급받고 있는가입니다. 이로써 참된 그리스도인으로서 영광된 삶을 사는지, 혹은 이름뿐인 그리스도인으로서 살아가는지가 갈립니다.

당연히 예배에 출석하도록 노력해야 하며 가능하다면 기도회에도 참석하면 좋습니다. 그러나 부득이하게 참석하지 못하는 사람들은 인터넷을 통해서라도 예배나 기도회에 참석하기 바랍니다. 갈급한 심령으로 예배와 기도회에 참여하면 특별한 영의 양식을 취하게 됩니다.

성경을 읽고, 기도하며 영의 양식을 충분히 섭취하면 영적으로 건강하고 은혜가 충만한 그리스도인으로서 살아갈 수 있습니다.

두 번째로 더 심오한 '신비한 비밀'을 말하려 합니다. 고린도전서의 결론 부분에 이르러 사도 바울은 지금까지 밝히지 않던 '신비한 비밀'을 밝히고 있습니다.

이 썩을 것이 반드시 썩지 아니할 것을 입겠고 이 죽을
것이 죽지 아니함을 입으리로다 이 썩을 것이 썩지 아
니함을 입고 이 죽을 것이 죽지 아니함을 입을 때에는
사망을 삼키고 이기리라고 기록된 말씀이 이루어지리
라 사망아 너의 승리가 어디 있느냐 사망아 네가 쏘는
것이 어디 있느냐 사망이 쏘는 것은 죄요 죄의 권능은
율법이라 우리 주 예수 그리스도로 말미암아 우리에게
승리를 주시는 하나님께 감사하노니 (고전 15:53-57)

이 세상에서 가장 강한 것은 '죽음'이라는 존재입니다. 죽
음은 아무리 훌륭한 사람일지라도 삼켜 버립니다. 만약 죽
음이 인격을 갖고 있다면 아무리 뛰어난 스포츠맨이라도,
부자라도, 명예로운 사람이라도, 자신을 당할 자가 없다고
으스대겠지요. 그러나 예수 그리스도의 부활로 말미암아 비
록 이 세상에서 썩을 것이 죽는다 하더라도 썩지 아니할 것
을 입겠고, 죽을 것이 분명하더라도 죽지 않게 되었습니다.
그리스도인은 죽지 아니함을 입었기에 영원히 사는 것입니
다. 그러므로 이렇게 말할 수 있습니다.

"사망아, 너는 으스대고 있지만 본래는 그럴 수 있는 존재가 아니다. 우리야말로 그리스도 예수 안에서 승리자다!"

그러므로 마지막 '신비한 비밀'은 마지막 날에 들릴 '나팔 소리', 즉 예수님이 이 땅에 다시 오시는 '재림'입니다. 예수님이 처음 오신 날을 '크리스마스'라고 한다면 다시 오실 그 날은 'Second coming'입니다.

상상력을 발휘하여 예수님이 우리를 맞이하러 오시는 모습을 떠올려 보십시오. 그때를 상상하면 우리는 오늘 이 땅에서 즐거운 마음으로 그날을 기다릴 수 있습니다.

저의 어머니는 재림을 소망하던 분이었습니다. 늘 오늘밤 예수님이 오실지도 모른다는 긴장감을 늦추지 않고 사셨지요. 그런 어머니에게 어린 저는 "오늘밤 예수님이 오신다면 지금 굳이 공부할 필요가 없지 않나요?" 하고 투정을 부리곤 했습니다. 그러면 어머니는 그래도 공부해야 한다고 저를 타이르셨지요.

'휴거'라는 말을 들어 보았을 것입니다. 마지막 때에 우리가 하늘로 들려 올라간다는 뜻입니다. 어머니는 휴거에 대해 말씀하실 때면 언제나 얼굴이 반짝반짝 빛났습니다.

"예수님을 믿는 사람은 모두 하늘로 올라간단다. 너는 하나님 앞에 설 준비가 되어 있니?"

마침내 그리스도의 신부가 되는 영화로운 날을 상상하며 얼굴을 빛내던 어머니의 모습을 지금도 잊을 수가 없습니다. 그런 어머니의 영향 덕분인지 저는 한창 반항하던 때에도 예수님의 재림에 대한 신앙은 저버리지 않았습니다. 태어나 지금까지 예수님의 재림을 의심해 본 적이 단 한 번도 없습니다. 저희 부모님은 휴거를 통해 예수님을 가까이 뵐 날을 꿈꾸며 아무리 힘든 일도, 박해도 견뎌 내셨습니다.

스기하라 치우네(杉原千畝, 일본의 외교관)도 그리스도인이었다는 사실을 아십니까? 그가 제2차 세계대전 중에 약 6천 명의 유대인들에게 비자를 발급한 이야기는 아주 유명합니다. 그는 당시 리투아니아에 일본 영사관 대리로 나가 있었는데, 나치를 피해 폴란드에서 도망친 유대인들에게 법을 어기면서까지 비자를 발급해 줌으로써 그들이 유럽에서 도망칠 수 있도록 해 주었습니다. 그에게는 일본의 법보다 하나님의 법이 더 중요했던 것입니다. 그는 하나님 앞에 섰을 때 "너는 왜 법에 묶여 사람들을 돕지 않았느냐?" 하고 혼나는 모습을 상상했을지도 모릅니다.

> 나 바울은 친필로 너희에게 문안하노니 만일 누구든지
> 주를 사랑하지 아니하면 저주를 받을지어다 우리 주여
> 오시옵소서(고전 16:21-22)

바울은 눈이 나빠서 다른 사람에게 편지를 대신 쓰게 했습니다. '친필로'라는 의미는 눈이 나빠 잘 안 보이던 바울이 종이에 얼굴을 바짝 대고 자신이 직접 마지막 인사를 쓰고 사인했다는 뜻입니다. 얼마나 이 편지를 중요하게 생각했는지 알 수 있는 대목입니다.

22절에서 "우리 주여 오시옵소서"는 '마라나타'입니다. 영어로는 'Our Lord, Come!'입니다. 이것이 바로 재림 신앙입니다.

우리의 삶은 실패투성이입니다. 헛된 수고로 가득합니다. 온통 실패한 일들뿐입니다. 그런데 바울은 "나의 달음질이 헛되지 아니하고 수고도 헛되지 아니함으로 그리스도의 날에 내가 자랑할 것이 있게 하려 함이라"(빌 2:16)라고 말했습니다. 무슨 말입니까? 주님의 일에 온 힘을 다해 동참했다는 의미입니다. 실패도 하고 실수도 했지만 거기에 매이지 않고 온

힘을 다해 주님의 역사에 동참했다는 것입니다.

주님은 우리의 실수와 실패까지 선하게 바꾸시는 분입니다.

주님의 역사에 동참하는 것은 대단한 특권입니다. 주님이 기뻐하시는 일에 온 힘을 다한 뒤 주님 앞에 섰을 때 우리는 자랑할 것이 있습니다. 이것이 그리스도인의 삶입니다.

그러므로 내 사랑하는 형제들아 견실하며 흔들리지 말고 항상 주의 일에 더욱 힘쓰는 자들이 되라 이는 너희 수고가 주 안에서 헛되지 않은 줄 앎이라(고전 15:58)

우리는 영광의 모습, 주와 같은 모습, 그리스도의 신부에 걸맞은 모습으로 순식간에 변화할 것입니다. 그러므로 그날을 기다리며 온 힘을 다해 주의 역사에 동참하기 바랍니다.

마틴 루터 킹에게서 배우는 믿음의 행위

오랫동안 교회는, 특히 복음주의 교회는 그리스도인은 'Doing'보다 'Being'이 더 중요하다고 강조해 왔습니다. 물론 우리의 착한 행실로 천국에 가는 것은 아닙니다. 예수 그리스도와 그가 주신 은혜를 마음으로 받아들이고 입으로 시인하면 'Dong' 즉 좋은 행동이 없어도 천국에 갈 수 있습니다. 믿음으로 구원을 받는다는 마틴 루터(Martin Luther)의 '이신칭의'(Justification by faith)는 여전히 불변하는 진리입니다. 이 이신칭의는 선행을 쌓아야 천국에 갈 수 있다는 가톨릭교회의 교리를 완전히 뒤엎은 혁명적인 것이었습니다. 마침내 종교개혁을 가져왔지요.

그러나 '믿음'만 강조하다 보니 하나님의 역사에 참여하는 우리 삶, 즉 'Doing'이 가볍게 여겨졌습니다. 과연 개신교 사람들은 아무런 선행을 하지 않아도 될까요? 그렇지 않습니다. 성경은 'Doing'을 가볍게 여기지 않습니다. 믿음만큼이나 중요하게 강조하고 있습니다.

마틴 루터 킹(Martin Luther King Jr.) 목사는 1929년에 태어나 39세인 1968년에 암살되어 세상을 떠났지만 노벨평화상을 비롯한 수많은 상을 수상했습니다. 그는 지금 들어도 감동적인 'I have a dream'을 지금으로부터 50여 년 전에 연설했습니다.

저는 미국에서 마틴루터킹상을 수상했으나 당시에는

그 의미를 깊이 생각하지 않았습니다. 그러다 최근 마틴 루터 킹 목사가 주장한 11개의 메시지에 빌리 그레이엄(Billy Graham) 목사 등 저명한 신학자들이 각자 코멘트를 단《한밤의 노크소리》(A Knock at Midnight)라는 설교집을 읽고 깊이 감동받았습니다.

암흑기의 영국을 구했다는 평을 받는 존 웨슬리(John Wesley)는 1738년 5월 24일에 특별한 경험을 하게 됩니다. 목사였지만 자신의 나약한 믿음으로 인해 고민이 많던 웨슬리는 그날 올더스게이트(Aldersgate)에서 열린 모라비안(Moravian) 집회에 참여했습니다. 사회자가 루터(Martin Luther)의 로마서 서문을 낭독하자 웨슬리는 '이상하게 마음이 뜨거워지는 경험'을 했고, 이후 그의 내면에 혁명적인 변화가 일어나기 시작했습니다.

저는 2013년 9월 6일 금요일 밤, 비행기 안에서 이 책을 읽었을 때 웨슬리와 똑같지는 않겠지만 비슷한 영적 체험을 했습니다. 지상에서 1만 미터 높이에 있는 구름 위에서 제3의 하늘로 들려 올라가는 듯한 기분이었습니다. 책에 몰두하다가 눈을 감고 기도하고, 다시 눈을 떠 책을 읽으면서 제 마음이 뜨거워지는 것을 느꼈습니다. 깊은 감동 속에서 신비한 영적 체험을 했습니다. 수십 년 동안의 신학적 순례에서 깨어난 듯한 느낌이었습니다.

마틴 루터 킹은 부친, 조부, 증조부까지 뛰어난 목사이며 설교가인 집안에서 태어났습니다. 그는 신학교를 졸업하고 앨라배마(Alabama) 주의 몽고메리(Montgomery)에 있는 작은 교회에 초빙되어 목회를 시작했습니다. 시작은 평범했습니다. 젊었으니까요. 1년이 조용히 흘러갔습니다.

그리고 2년째 되던 해에 그 유명한 로자 파크스(Rosa Parks) 사건이 일어났습니다.

당시는 노예해방이 된 지도 오랜 시간이 흘렀지만 사회적으로 인종차별은 여전했습니다. 흑인은 버스에 자리가 있어도 지정석 외에는 앉을 수 없었고, 화장실과 식당도 출입해선 안 되는 곳이 있었습니다. 당연히 학교도 따로 다녔습니다. 그런 시대에 로자 파크스가 버스에서 지정석이 아닌 자리에 용감하게 앉았다가 버스에서 쫓겨나는 사건이 일어난 것입니다.

이 사건 이후 5만 명의 흑인이 시내버스 승차 거부 운동을 전개했습니다. 이 조용한 항거는 무려 381일 동안 계속되었고 전 세계에 보도되었습니다. 이 비폭력 저항운동의 중

심에는 마틴 루터 킹 목사가 있었습니다.

어느 날 밤 피곤에 지쳐 집으로 돌아온 루터 킹 목사에게
괴한의 전화가 걸려 왔습니다.

"이봐, 검둥이. 우리는 네가 벌이는 이 일들이 정말 진절
머리가 나. 만약 사흘 안에 이 도시에서 떠나지 않는다면 네
머리통을 깨고, 네 집을 부숴 버리겠어."

미국은 총기가 허용된 사회이니 이 협박이 얼마나 무서
운 것인지 말하지 않아도 알 것입니다. 그와 그의 가족의 목
숨을 위협하는 전화가 하루에도 40통씩 걸려 오자 킹 목사
는 그때의 심경을 이렇게 밝히고 있습니다.

"태어난 지 한 달도 되지 않은 귀여운 어린 딸의 얼굴을
보았다. 딸을 사랑한다. 아내를 사랑하고 있다. 내 신경은 갈
가리 찢어졌고 더 이상 견딜 수 없을 것 같았다."

저는 전도자로서 50년 인생을 살면서 목숨의 위협을 네
다섯 번 받았습니다. 40대에는 법정에 서기도 했습니다. '목

사가 은행과 한통속이 되어 자금을 횡령하고 미국으로 도망갔다'는 전단지가 거리와 교회 앞에서 뿌려졌고, 토요일이면 "이제 그만 교회에서 물러나 다른 곳으로 가라"는 협박 전화가 걸려 왔습니다. '다음에는 다마가와 학교 앞에서 전단지를 배포하겠다'는 협박도 있었습니다. 다마가와 학교는 당시 저의 둘째아들이 다니던 학교였습니다.

더 이상 견딜 수 없어서 만일 학교 앞에까지 전단지를 배포한다면 교회를 사임하고 떠나야겠다고 마음먹었습니다. 저로 인해 가족이 괴로움을 당하는 것만큼은 견딜 수가 없었습니다. 마틴 루터 킹 목사와는 차원이 다르긴 하지만, 하나님의 보호하심이 없었다면 그 힘든 시기를 견디기 힘들었을 것입니다.

교회를 세우는 일은 쉬운 게 아닙니다. 생명을 깎아 내는 일입니다. 사탄이 필사적으로 교회를 쓰러뜨리려 하기 때문입니다. 그처럼 힘든 일을 겪을 때에도 곁을 떠나지 않고 위로해 준 성도들이 있어서 정말 감사했습니다.

킹 목사는 더 이상 견딜 수 없어 포기해야겠다고 생각했을 때 하나님의 음성을 들었다고 합니다.

"너는 아버지에게 전화하지 마라, 어머니에게도 전화하지 마라. 홀로 기도하고, 전능하신 하나님께 도움을 구하라. 그분은 길이 없는 곳에서 길을 열어 주시는 분이다. 너는 사람에게 의지하지 말고 하나님 앞에서 온 맘을 다해 기도하고 하나님의 지혜를 구하라."

그의 아버지는 훌륭한 목사였지만 그는 이 음성에 따라 기도했습니다. 그러고는 이렇게 고백했습니다.

"나는 죄의 거친 파도가 나를 정복하려고 돌진해 오는 것을 느꼈다. 그러나 '계속 싸워라'고 말씀하시는 예수님의 음성을 들었다. 주님께서는 절대로 나를 버리지 않겠다고 약속하셨다. 결코, 결코 혼자서 감당하지 않도록 하겠다고 약속하셨다! 그 말씀을 믿고 앞으로 나아갔다. 예수님은 '마틴 루터 킹아. 진리를 위해 일어서라. 보라, 내가 네 앞에 함께 있노라. 세상이 끝날 때까지 너와 함께 있노라'고 말씀하셨다."

앞에서 말한 마틴 루터 킹의 11개 설교를 담은 책《한밤의 노크소리》에는 '눈에 띄고 싶어 하는 자의 본능'이라는 매우 색다른 제목의 설교가 있습니다. 마가복음 10장이 본문으로 대략 이런 내용입니다.

예수님의 열두 제자 중에 야고보와 요한이라는 제자가 있었습니다. 다른 제자들이 없는 틈을 타 두 사람이 예수님께 와서 이렇게 간청했습니다.

"예수님, 예수님, 부탁이 있습니다. 주의 영광 중에서 우리를 하나는 주의 오른편에, 하나는 왼편에 앉게 하여 주옵소서."

이때 예수님이 뭐라고 대답하셨는지 기억합니까?

너희는 너희가 구하는 것을 알지 못하는도다 … 내 좌우편에 앉는 것은 내가 줄 것이 아니라 누구를 위하여 준비되었든지 그들이 얻을 것이니라 (막 10:38, 40)

예수님의 말씀은 얼른 이해하기 어렵습니다. 아무튼 이 대화를 들은 다른 제자들이 두 제자에게 화를 냈다고 성경은 기록하고 있습니다. 어느 주석서를 보든 '어리석은 제자들, 예수님의 마음을 알지 못하는 자들'이라고 해석하고 있고 저도 지난 50년 동안 그렇게 이해했습니다. 그런데 예수님 말씀의 결론은 여기에 있습니다.

> 너희 중에 누구든지 크고자 하는 자는 너희를 섬기는 자가 되고 너희 중에 누구든지 으뜸이 되고자 하는 자는 모든 사람의 종이 되어야 하리라(막 10:43-44)

이 말은 뒤집어 말하면 섬기는 자가 쓰임 받게 될 것이라는 의미입니다.

> 인자가 온 것은 섬김을 받으려 함이 아니라 도리어 섬기려 하고 자기 목숨을 많은 사람의 대속물로 주려 함이니라(막 10:45)

예수님이 이 땅에 오신 이유는, 섬기기 위해 오셨고, 우리에게 본보기가 되어 주셨습니다.

마틴 루터 킹에 따르면, 모든 사람의 마음속 깊은 곳에는 남보다 위에 있고 싶은 본능이 있다고 합니다. 그것을 '눈에 띄고 싶어 하는 자의 본능'이라고 부릅니다. 남들 눈에 띄는 걸 질색한다고 말하는 사람들이 있을지도 모릅니다. 그러나 그런 사람이라도 어린 자녀가 학예회 무대에서 다른 아이들에 비해 조명을 덜 받았다 싶으면 속상하고 섭섭합니다. 주목받고 싶고 관심받고 싶은 것은 본능이기 때문입니다.

우리가 어떤 행동을 하는 근원을 심리학자 프로이트는 성적 욕구로 본 반면, 알프레드 아들러(Alfred Adler)는 주목받고 싶어 하는 욕구로 보았습니다. 아들러는 과장이 되면 부장이 되고 싶고 부장이 되면 사장이 되고 싶어 하는 욕구가 세상을 움직이는 에너지라고 보았습니다. 우리가 큰 집에 살고 싶고, 좋은 차를 타고 싶고, 대기업에 다니고 싶고, 출세하고 싶어 하는 것도 이 욕구에서 기인합니다.

이것이 본능이기 때문에 사람들에게 관심을 받지 못할 때, 심지어 잊혀진 존재가 되었을 때 몹시 화가 나고 낙담됩니다.

얼마 전 하네다 공항에서 오키나와행 비행기를 기다리고 있는데 어떤 사람이 아는 척을 했습니다. 그는 북한의 납치 사건과 관련해 TV에 자주 얼굴을 비추는 사무국 직원이었습니다. "오오카와 목사님이시죠?" 하며 인사하는데 저런 사람도 나를 알아보다니 싶어 우쭐해졌습니다. 돌아오는 길에도 많은 사람들이 저를 알아보고 악수를 청하고 사인을 요청했습니다. 꽤 기분이 좋았습니다.

모처럼 큰맘 먹고 백화점에서 고가의 옷을 사서 차려입었는데 남편이 아무런 반응을 보이지 않는다면 아내의 기분이 어떨까요? 새초롬해진 아내가 참다못해 "오늘 좀 달라 보이지 않아? 꽤 비싸게 주고 산 옷이야" 했는데, 남편이 "그랬어? 난 잘 모르겠는데" 한다면 그날 부부는 적어도 냉랭하게 지내게 될 것입니다. 대개는 무슨 꼬투리를 잡아서라도 부부싸움을 하지요. 알아주기를 바라고, 인정해 주기를 바라는 아내의 마음을 몰라주면 속상합니다.

가정에서 아내의 기세에 눌려 기를 못 펴는 남자일수록 사회적 출세 욕구가 매우 크다고 합니다. 역시 인정받고 싶어 하는 욕구가 충족되지 못했기 때문입니다.

마틴 루터 킹은 말합니다.

"제 결론을 말씀드리죠. 여러분, 이기적인 마음이 나쁘다는 뜻이 아닙니다. 위대해지고 싶고, 유명해지고 싶은 본능을 버리지 마십시오. 올바르게 이용한다면 그것은 대단히 좋은 본능이기 때문입니다."

일본의 일부 복음파 교회는 정결한 삶을 살기 위해 인간 내면의 욕구를 제거해야 한다고 가르칩니다. '출세나 세상의 상급을 바라면서 살지 말라, 천국에서 보상받는다'는 것이 그들의 논리입니다. 그러나 마틴 루터 킹 목사는 이렇게 말합니다.

"인정받고 싶다, 칭찬받고 싶다, 다른 사람보다 더 좋아지고 싶다는 우리의 본능을 하나님의 영광을 위해 이용하십시오. 온 힘을 다해 주님의 역사에 참여하십시오. 예수님이 이 땅에 종의 모습으로 오신 것처럼 당신 또한 그렇게 하십시오. 최고가 되고 싶다, 칭찬받고 싶다, 예수님의 좌우에 앉고 싶다는 본능은 가장 멋진 본능이므로, 그것을 위해 노력하십시오. 사람이 아니라 하나님에게 중요한 사람이 되십시오. 이웃(인류)을 가장 많이 사랑하는 사람이 되십시오. 도덕적으로 탁월한 사람이 되십시오. 관용에 있어서 일인자가 되십시오."

그는 또 말합니다.

"하나님 앞에서 가장 위대한 사람이란 섬길 줄 아는 사람이라는 사실을 마음에 새기십시오. 섬기는 데는 박사학위도 대학 학력도 필요 없습니다. 플라톤이나 아리스토텔레스를 몰라도 상관없습니다. 섬기는 데 필요한 것은 그저 은혜로 충만한 마음, 사랑이 넘치는 영혼뿐입니다. 당신이 이러한 종이 된다면 천국에서 예수님의 가장 가까운 곳에 앉게 될 것이라고 주님께서는 말씀하셨습니다."

이는 놀랄만한 메시지입니다. 그는 이어서 한분을 소개하겠다고 하고는 말을 잇습니다.

"예수님은 가난한 집에서 태어나 이름도 없는 작은 마을에서 자랐고, 서른 살까지 평범한 노동자의 삶을 살았습니다. 서른 살에 세례를 받고 순회 설교자가 되어 3년 동안 활약했습니다. 늘 약한 이들의 친구가 되었고, 그들과 한 편이었습니다. 매일 병든 자를 낫게 했지만 잘 곳도, 누울 곳도 없었습니다. 집도 재산도 없었고, 책도 쓰지 않았으며, 훈장을 받은 일도 없습니다. 그런데 이분은 하나님의 독생자, 예수 그리스도 구세주이십니다. 섬기는 삶을 사는 것이야말로 그리스도의 오른쪽에, 왼쪽에 앉을 수 있는 유일한 방법입니다."

마틴 루터 킹 목사는 이렇게 말하고 나서 두 달 뒤에 암살 당했습니다. 그의 나이 39세에 이 놀라운 연설을 했고 죽임을 당했습니다. 마틴 루터 킹 목사는 그의 장례식에서 사람들이 자신이 노벨 평화상을 비롯하여 수백 개의 상을 받았다고 말해 주기보다 "마틴 루터 킹은 타인을 섬기는 데 자신을 바쳤다"고 말해 주기를 바랐습니다.

계속 그가 듣기 원했던 말들이 이어집니다.

"제가 듣고 싶은 말은 마틴 루터 킹은 누군가를 사랑하려고 했다는 것입니다. 굶주린 사람, 가난한 사람을 돕고 싶어 했다는 것입니다. 만약 여러분이 제가 눈에 띄고 싶어 했다고 말하고 싶다면, 정의를 위해 눈에 띄고 싶어 했다고 말해 주십시오. 평화를 위해 눈에 띄고 싶어 했다고 말해 주십시오. 만약 제가 길을 가다가 누군가를 도왔다든가, 한 마디 말이나 노래로 누군가를 위로했다면, 제 인생은 의미 없는 것이 아닐 것입니다. 그러므로 예수님, 저는 당연히 당신의 오른편이나 왼편에 앉고 싶습니다."

이렇게 당당하게 외친 설교자는 2천 년 동안 이 사람뿐이었는지도 모릅니다!

종으로서 사는 것이 최선이다

그동안 우리는 예수님의 좌우에 앉게 해달라고 한 야고보와 요한을 어리석다고 말했습니다. 그러나 이제부터는 오히려 "예수님, 부탁입니다. 제가 최선을 다해 사람들을 섬길 테니 가능하다면 저를 오른편, 혹은 왼편에 앉게 해 주십시오"라고 기도하기를 원합니다.

우리는 선한 일을 행하기 위해 창조된 하나님의 작품입니다. 마태복음 5장의 산상수훈에서 예수님은 '너희는 세상의 빛이니, 선한 일을 통해 너희 빛이 사람들 앞에 비치게 하라'고 말씀하셨습니다. 우리 모두는 Change of mind, 생각을 바꿔 선한 일을 행하는 그리스도의 제자가 되어야 할 것입니다.

중세에 그리스도교도와 이슬람교도가 십자가 전쟁을 벌인 사실을 기억하실 겁니다. 당시는 이슬람이 모든 면에서 기독교보다 우세했습니다. 많은 젊은 크리스천들이 포로가 되어 이슬람권에서 노예로 살아야 했습니다. 한 청년이 그의 친구가 스페인에서 채찍에 맞으며 노예로 일하고 있다는 소식을 접하고 스페인으로 갔습니다. 노예가 된 친구를 돈으로 사서 자유의 몸이 되게 하는 것이 그가 스페인으로 간 이유였습니다.

그런데 막상 돈을 내고 친구를 사려고 하니 가격이 올라서 가진 돈을 다 내고도 살 수 없는 상황이 되었습니다. 크게 낙심한 그는 하나님께 기도하다가 무릎을 치는 묘안을 찾았습니다. '친구를 돈으로 살 수는 없지만 내가 그 대신 노예가 되면 되겠다'고 생각한 것입니다. 청년은 당장에 친구를 부리는 주인을 찾아가 자기가 대신 노예가 되겠다고 말했습니다. 주인도 그의 생각이 나쁘지 않다고 생각해서 친구를 풀어 주고 청년을 노예로 삼았습니다. 이 이야기가 스페인 전체에 퍼지자 스페인에서는 '노예 생활을 대신하자'는 운동이 일어나기 시작했습니다. 평생을 친구 대신 노예로 일하겠다고 뜻을 모으다니 참으로 놀랍습니다.

> 그가 우리를 위하여 목숨을 버리셨으니 우리가 이로써 사랑을 알고 우리도 형제들을 위하여 목숨을 버리는 것이 마땅하니라(요일 3:16)

우리가 이 사회에서 종의 모습으로 살고 있다면 그것은 목숨을 바치는 행동입니다. 예수님이 가신 길을 따르는 길입니다. 이 땅에서 종으로 살지라도 그 나라가 이르면 누구보다 예수님과 가까운 자리에 앉게 될 것입니다.

저는 미국 대통령의 만찬회에 초대되었을 때 전혀 즐겁지 않았습니다. 저 멀리 앉아 있는 대통령과 악수할 수도 없었고, 변변한 인사도 나눌 수 없었습니다.

예수님은 '내 오른편, 혹은 왼편에 앉고 싶다면 종의 모습으로 온 힘을 다해 주의 역사에 참여하라'고 가르치십니다. 우리의 수고는 헛되지 않습니다.

'귀환'과
　　　'환대'

누가복음 15:17-24

일요일은 예배, 수목은 기도회 설교와 성찬식, 금요일은 단식기도, 그리고 토요일은 결혼식… 그러고 보니 목요일에는 장례식도 있었습니다. 이렇게 계속 바쁘다가는 머지않아 제 장례를 치를 것 같다는 생각이 들 만큼 요즘 매일 바쁜 일상을 보내고 있습니다.

그래서 어느 날은 설교를 준비하면서 이런 꾀를 내 보았습니다. 레나 마리아(Lena Maria)의 비디오는 대단히 감동적인 데다 상영 시간도 25분 정도이므로 이것을 상영하고 설교는 10분 정도로 끝내자, 하고 말입니다. 사실 설교가 짧을수록 성도들이 좋아하긴 합니다.

그런데 막상 설교를 준비하기 시작하자 말씀에 빨려 들어가 도저히 10분만 설교할 수 없게 되었습니다. 아무리 불가항력적으로 피곤해도, 마음에 근심이 있어서 도무지 말씀이 눈에 들어오지 않을 때라도 말씀 앞에 서면 하나님께서 힘을 주십니다. 피곤을 잊고 근심을 이기는 힘을 주십니다. 어느 때든지 말씀에 귀를 기울이시기 바랍니다.

"잘 돌아왔다"

오키나와의 요미탄손(讀谷村)이라는 곳에는 '하얀 집 펠로십교회'(白い家フェローシップチャーチ)가 있습니다. 호수와 바다가 보이는 곳으로, 얼마나 아름다운지 그런 예배당은 지금까지 본 적이 없습니다. 건물도 굉장히 예쁘더군요. 그런 교회의 헌당예배를 제가 인도하게 되었습니다. 참으로 영광이었습니다.

오키나와 사람들도 참으로 존경할 만합니다. 이 교회가

세워졌다는 소식을 듣고 그리스도인이 아닌데도 많은 사람들이 교회 주변으로 이사를 왔다고 합니다. 덕분에 교회 주변으로 아름다운 주택들이 들어서고 있습니다. 부동산업자들은 이 교회 덕택에 꽤 큰돈을 벌어들였다며 1만 평의 토지를 교회에 기부했습니다. 덕분에 교회 뒤편으로 널따란 정원이 생겼고 거기서 아름다운 호수와 바다를 전망할 수 있게 되었습니다.

예배당에 들어서면 좌우 정면에 '잘 돌아왔다'는 말이 매우 아름답게 쓰여 있습니다. 교회 사람들도 서로 인사를 나눌 때 "잘 돌아왔다"고 말합니다. 저는 이 교회가 신축되기 전에 옛 예배당에서 가진 특별예배에 초대된 적이 있는데, '오오카와 목사님 잘 돌아오셨습니다'라고 쓰인 현수막을 보고 깜짝 놀란 적이 있습니다. 그들은 누군가 하나님 앞으로 돌아오면 '잘 돌아왔다'고 말하며 진심으로 기뻐했습니다. 그래서 저는 이 교회를 '잘 돌아왔다 교회'라고 부릅니다.

'잘 돌아왔다'에는 '환영한다'는 의미도 있지만 한편으로 '너무 오래 있다 온 거 아니야? 어서 와'라는 의미도 있습니다. 그들이 제게 말한 '잘 돌아왔다'가 '너무 오래 있다 온 거 아니냐'가 아니라서 감사합니다.

하얀 집 교회 안으로 들어가면 통로가 있고 예루살렘의 비아 돌로로사(Via Dolorosa, 고난의 길)처럼 열네 개의 지점이 있습니다. 그리고 그 정면에 렘브란트의 '돌아온 탕자'가 걸려 있습니다. 역시 '잘 돌아왔습니다'를 말하고 있습니다.

인간은 하나님에게서 멀어지면 방탕한 아들 혹은 딸이 되고 맙니다. 아무리 험한 죄를 지었더라도 하나님 아버지 품으로 돌아오면 '잘 돌아왔습니다' 하고 환영받습니다. 그리스도인은 "잘 다녀오겠습니다" 하고 세상으로 파견되었다가 주일이면 "잘 다녀왔습니다" 하고 교회로 돌아오는 사람들입니다.

현대 사회의 문제로 가정 내에서 서로 인사하는 습관이 사라졌다는 것을 지적하는 사람들이 있습니다. 자녀들에게 각자의 방을 갖게 한 것이 원인을 제공했다고 말하는 사람도 있습니다. 여러분의 가정은 어떻습니까? 서로 인사를 잘 나누며 살고 있습니까?

"좋은 아침입니다", "잘 먹겠습니다", "잘 먹었습니다", "감사합니다", "안녕히 주무십시오", "다녀오겠습니다", "잘 다녀오세요", "잘 다녀왔습니다"… 인간관계에서 이런 인사를 나누는 것이 매우 중요합니다. 혹시 혼자 살기 때문에 인사할 대상이 없다 하십니까? 혼자라도 아침에 일어나면 "좋은 아침입니다!" 하고 큰 소리로 인사하기 바랍니다. 성령님께 드리는 인사입니다.

나는 매일 아침 "하나님, 좋은 아침입니다" 하고 인사드린 후 "성부와 성자와 성령의 이름으로 기도합니다. 찬양합니다. 아멘. 좋은 아침입니다" 하고 말합니다. 잠자리에 들기 전에도 가족에게 잘 자라고 인사한 후 꽤 오랜 시간 기도를 드립니다.

"하나님 아버지, 오늘 하루도 감사드립니다. 우리 주 예수님, 오늘 하루도 저와 함께 해주셔서 정말 감사합니다. 성령 하나님, 오늘도 멋진 하루였습니다. 감사드립니다."

이렇게 감사의 인사를 드린 후, 쉬는 것입니다.

혼자 사는 사람은 밖에서 돌아왔을 때 "다녀왔습니다!" 하면 "어서 와라" 하고 대답해 주는 목소리를 녹음해 두면 어떨까 싶습니다. 이처럼 서로 인사하는 습관은 매우 중요합니다. "오늘도 밝고 활기차게 잘 보내세요!"라는 한 마디 인사만으로도 힘이 되기 때문입니다.

탕자의 귀환

누가복음 15장은 일명 '탕자 이야기'로 알려진 매우 유명한 말씀입니다.

부자 아버지에게 두 명의 아들이 있었습니다. 두 명 모두 문제아였습니다. '장남은 지난(じなん, 일본어 발음상 차남)이고, 차남은 초난(ちょうなん, 일본어 발음상 장남)이다'라는 우스갯소리가 있습니다. 무슨 말이냐면 장남은 치질이 있어서 지난(じなん, 痔難)이고, 차남은 장이 나빠서 초난(ちょうなん, 腸難)이라는 얘기입니다.

아무튼 이 부자 아버지는 살아 있을 때 두 아들에게 재산을 나눠 주었습니다. 작은아들은 늘 집 밖으로 나갈 기회만 엿보고 있었습니다. 아직 아버지가 살아 있는데도 아버지의 재산에 눈독을 들였고 재산을 받자마자 밖으로 나가 버렸습니다. 돈은 큰 힘을 갖고 있지만 그와 동시에 사람을 나쁜 길로 인도하기도 합니다. 작은아들에게 돈은 그런 것이었습니다.

아버지 집을 나와 먼 나라로 간 작은아들은 그때부터 돈을 물 쓰듯이 쓰기 시작했고, 온갖 유혹에 빠져 방탕하게 살았습니다. 그 많던 돈도 금세 바닥이 났고, 배고픔에 시달리다 돼지치기 신세가 되었습니다. 예나 지금이나 유대인은 돼지고기를 먹지 않기 때문에 돼지치기라는 직업은 가장 천한 일이었습니다. 작은아들은 가장 비천한 신세가 된 것입니다. 그러던 어느 날 작은아들은 이런 생각을 했습니다.

'그래, 아버지에게 돌아가자. 그곳은 종이라도 먹을 것이 있어. 그러니까 아버지에게 돌아가 아들이 아니라 종으로라도 살자.'

그렇게 해서 작은아들은 집으로 돌아갔습니다. 렘브란트 (Rembrandt)의 '돌아온 탕자'는 매우 유명한 그림입니다. '귀환'의 의미를 담고 있습니다. 렘브란트는 이 그림이 굉장히 마음에 들어서 수도 없이 그렸다고 합니다. 특히 아버지의 얼굴을 여러 번 다시 그렸다고 합니다. 그는 탕자의 귀환보다 아버지의 사랑에 더 주목한 것입니다.

성경을 연구한다는 것은 참 신비한 일입니다. 누가복음 15장에는 세 가지 예화가 등장합니다. 첫 번째 이야기는 이렇습니다. 100마리의 어린 양이 있었는데 그중 한 마리를 잃어버렸습니다. 일본이라는 나라는 99마리의 양을 잃어버린 상황이므로 목사가 매우 바쁩니다. 찾아 나설 수도 있지만 겨우 단 한 마리인 데다 탈선하는 놈은 늘 있게 마련이라면서 그냥 모른 척할 수도 있습니다. 그러나 성경은 그 잃은 것을 찾아내기까지 찾아다닌다고 합니다. 목자는 잃어버린 한 마리를 발견할 때까지 열심히 찾아다닙니다. 마침내 잃어버린 양을 찾은 목자는 너무 기뻐서 사람들에게 이렇게 말합니다.

"여러분, 나와 함께 기뻐해 주십시오. 잃어버린 양을 찾았습니다!"

두 번째 이야기는 열 개의 동전 이야기입니다. 그것은 특별한 동전이었습니다. 결혼식에서 목에 장식하는 것으로, 하나쯤 없어져도 상관없는 그런 동전이 아니었습니다. 여인은 잃어버린 동전 하나를 찾기 위해 온 집을 샅샅이 뒤집니다. 그리고 마침내 그 동전을 찾아내고는 너무 기뻐서 이렇게 외칩니다.

"여러분, 나와 함께 기뻐해 주십시오. 잃었던 동전을 찾았습니다!"

양이나 동전도 이럴진대, 잃어버린 하나님의 백성을 찾는다면 얼마나 기쁘겠습니까? 돌이켜 아버지 품으로 돌아온 한 사람으로 인해 하늘에서는 수많은 천사들이 크게 환호하며 기뻐할 것입니다.

얼마 전 한 아버지가 우리 교회에서 세례를 받았습니다. 오랫동안 아버지와 어머니의 구원을 위해 기도하던 딸을 3년 전에 잃어버린 아버지였습니다. 어머니는 딸이 하나님 나라로 가고 1년 뒤에 세례를 받았으나, 아버지는 3년이 지난 뒤에야 마침내 세례를 받게 되었습니다. 아버지는 딸이 있는 천국에 가기 위해 그리스도인이 되기로 결심했습니다. 먼저 간 딸의 죽음은 결코 무의미하지 않습니다. 조금 빨리 세상을 떠나면서 "나중에 천국에서 만나자"고 말하는 사람의 죽음은 결코 헛되지 않습니다.

누가복음 15장에는 4절과 6절, 8절과 9절에 '잃었다'는 헬라어가 나옵니다. 이 짧은 구절에 같은 단어가 네 번이나 나옵니다. 이것은 저자인 누가가 의도적으로 이 단어를 썼음을 의미합니다. 그런데 흥미롭게도 처음에는 100분의 1을 잃었다가 10분의 1을 잃고 나중에는 둘 중 하나를 잃습니다. 확률이 점점 높아집니다.

> 이에 스스로 돌이켜 이르되 내 아버지에게는 양식이 풍족한 품꾼이 얼마나 많은가 나는 여기서 주려 죽는 구나(눅 15:17)

여기서 '주려 죽는구나'라는 표현 또한 잃었다, 멸망했다 와 철자가 같은 단어로서, 시라하타(白畑) 선생의 번역에 따르면 '나는 이곳에서 멸망하고 있다'가 됩니다. 저는 여기까지 말씀을 읽고 묵상하다가 금요기도회에서 기도하던 중 문득 이런 생각을 했습니다. 어쩌면 요한복음 3장 16절의 '멸망하다'가 이와 같은 원어를 갖고 있을지도 모른다고 말입니다. 다음 날 일찍 일어나 서재로 뛰어들어가 헬라어 원문을 찾아보니, 놀랍게도 같은 단어였습니다.

> 하나님이 세상을 이처럼 사랑하사 독생자를 주셨으니 이는 그를 믿는 자마다 멸망하지 않고 영생을 얻게 하려 하심이라(요 3:16)

'멸망하지 않고'의 '멸망'이 사라지다, 잃어버리다, 굶주려 죽다와 같은 원어였습니다. 요한과 누가에게 성령님이 같은 영을 부어 주셨다고 이해할 수 있습니다. 이는 살아 있지만 죽었다는 의미가 됩니다.

저는 일본인의 99퍼센트가 지옥에 떨어진다는 사실을 받아들이기 어렵습니다. 절대로 하나님의 뜻이 아닐 것입니다. 예수 그리스도의 십자가가 헛된 일이 될 리가 없습니다. 반드시 기적이 일어날 것입니다. 그것을 위해 우리는 열심히 기도하고 전도해야 합니다.

여러분은 천국과 지옥을 믿습니까? 지옥에 떨어지다니 정말 한심한 일입니다. 우리의 친척이나 친구, 지인이 천국에 갈 수 있도록 열심히 기도해야 합니다. '한 사람도 멸망하지 않고'가 주님의 계획, 주님의 뜻입니다. 그리고 주님의 뜻은 이루어질 것입니다. 그 뜻이 하늘에서 이루어진 것같이 이 땅에서도 이루어지기를 기도합니다. 절대로 한 사람도 멸망하지 않으리라 믿습니다.

그런 까닭에 저는 누가복음 15장을 보면 흥분이 됩니다.

탕자를 환대하는 아버지의 사랑

하나님에게서 멀어진 사람의 심정이란, 어찌할 바를 모르는 상태라고 할 수 있습니다. 하나님으로부터 멀어진 사람의 생각이나 철학이란 것도 목적지를 잃은 상태라고 할 수 있습니다. 그럴듯해 보이는 진화론도 인간 존재를 설명하지 못합니다. 하나님이 사랑으로 인간을 창조하셨다는 사실 외에는 우리가 믿고 의지할 것은 없습니다.

> 아버지 저들을 사하여 주옵소서 자기들이 하는 것을 알지 못함이니이다(눅 23:34)

이것은 예수님이 십자가에 달리셔서 우리를 위해 기도하신 내용입니다. 예수님은 우리가 무엇을 하고 있는지 모른다, 자기들이 무슨 생각을 하는지 모른다고 말씀하십니다. 하나님으로 말미암지 않은 말과 행동, 생각은 이처럼 갈 바를 모르는 허황된 것입니다. 예수 그리스도가 우리를 위해 기도해 주실 때만이 우리는 우리의 정체성을 확인할 수 있습니다.

나는 여기서 주려 죽는구나(눅 15:17)

  탕자는 지금 돼지의 먹이인 쥐엄나무까지 탐낼 만큼 주렸습니다. 그런 그를 불쌍히 여겨서 밥 한끼 대접해 주는 사람도 없습니다. 참으로 비참하기 짝이 없습니다.

  전쟁을 직접 겪은 어르신들은 이 배고픔의 비참함을 잘 압니다. 감자와 호박 따위로 배를 채울 수 있다면 그나마 형편이 나은 것입니다. 보리밥은 꿈도 꾸지 못합니다. 저도 조나 피로 주린 배를 채운 적이 있습니다. 지금은 닭의 사료로 사용되는 것들입니다. 탕자처럼 배고프면 가증하다 여긴 돼지의 먹이까지 탐을 내게 됩니다. 중국의 우스갯소리 중에 다리가 넷인 것은 책상, 의자, 배탈 나는 것 빼고 뭐든지 다 먹는다는 말이 있습니다. 굶주리면 뭐든 먹을 수 있다는 의미입니다.

  예수께서 대답하여 이르시되 기록되었으되 사람이 떡으로만 살 것이 아니요 하나님의 입으로부터 나오는 모든 말씀으로 살 것이라 하였느니라 하시니(마 4:4)

예수님은 구약성경을 인용하여 우리가 하나님의 입에서 나오는 모든 말씀으로 산다고 말씀하셨습니다. 하나님은 오늘날에도 우리에게 말씀하십니다. 초등학생이건 중학생이건 나이에 상관없이 하나님의 음성을 들을 수 있습니다.

러시아에서 갓 태어난 아기에게 2년간 말을 걸지 않는 실험을 했습니다. 그 결과 아이가 죽어 버렸습니다. 말은 인간이 살아가는 데 매우 중요한 수단이며 생사를 결정할 정도로 중요합니다.

"사람이 떡으로만 살 것이 아니요"란 밥이나 국수도 먹어야 한다는 뜻이 아니라 사람은 하나님의 입으로부터 나오는 모든 말씀으로 산다는 의미입니다. 우리는 하나님의 품으로 돌아가 '잘 돌아왔다', '돌아와서 기쁘구나' 하는 말을 들을 필요가 있습니다.

본문을 주의 깊게 살펴보면 아버지의 환대 뒤에 탕자의 회개가 이어집니다. 이것은 큰 발견입니다.

내가 일어나 아버지께 가서 이르기를 아버지 내가 하늘과 아버지께 죄를 지었사오니 지금부터는 아버지의 아들이라 일컬음을 감당하지 못하겠나이다 나를 품꾼

의 하나로 보소서 하리라 하고(눅 15:18-19)

이 말씀을 보면 탕자가 아버지에게만 죄를 지은 것이 아니라 하늘에 대해서도 죄를 지었다는 것을 알 수 있습니다. 회개는 주님이 인도해 주시지 않으면 절대로 할 수 없습니다. 사탄이 가장 싫어하는 것이 회개이기 때문입니다. 그러므로 우리는 회개하기를 힘써야 합니다.

탕자는 아버지께 돌아가면 "내가 하늘과 아버지께 죄를 지었사오니 지금부터는 아버지의 아들이라 일컬음을 감당하지 못하겠나이다 나를 품꾼의 하나로 보소서" 하고 말하려 했지만 막상 아버지를 만난 21절에서는 "품꾼의 하나로 보소서"가 없습니다. 왜 그럴까요?

그것은 아버지가 그가 말하기 전에 먼저 "너는 내 아들이다!"라고 말했기 때문일 것입니다. 참 너그러운 아버지입니다.

여러분이라면 아들이 탕자가 되어 돌아오면 어떻게 하겠습니까? 어떤 사람은 그 순간 훈계하고 벌을 주는 것이 바른 교육이라고 말합니다. 그러나 탕자의 아버지가 어떻게 작은 아들을 기다렸는지 상상해 보십시오. 아버지는 '그는 반드시 돌아올 것이다! 어느 쪽에서 올까? 분명 고개를 푹 숙이고 나타날 테니 내가 먼저 반갑게 맞아 주자'고 생각하지 않 았을까요?

당시의 유대인 아버지는 권위를 지키기 위해 달리지 않 았습니다. 하지만 탕자의 아버지는 그 누구보다 잽싸게 달 려가 아들을 끌어안았습니다. 아버지는 어쩌면 매일 이 장 면을 머릿속으로 상상하며 아들을 기다렸을지도 모릅니다. 탕자 역시 아버지한테 돌아가면서 어떻게 말하고 행동해야 할지를 머릿속으로 수도 없이 그렸을 것입니다.

돌아온 아들의 모습을 보고 아버지는 연습한 대로 아들 을 맞이했습니다. 어떤 그림에는 신발 한쪽이 벗겨진 채 달 려가는 아버지의 모습이 그려져 있는데 그만큼 반갑게 맞이 했다는 뜻이겠지요. 아버지의 심정은 '돌아와 준 것만으로 도 감사하고 기쁘다'였습니다.

우리가 하나님께 돌아가면 하나님도 탕자의 아버지 못지 않게 기뻐하십니다. "잘 돌아왔다, 잘 돌아왔다, 잘 돌아왔 다" 하면서 과거의 무례했던 행동도, 죄도 완전히 잊고 환영 해 주십니다. 어째서 환영해 주십니까? 하나님은 모든 사람 이 멸망하지 않도록 기도해 주시는 분이기 때문입니다!

《죽음의 수용소에서》(Man's Search for Meaning)를 쓴 정신과

의사인 빅터 프랭클(Viktor Frankl)이 죽음의 수용소인 아우슈비츠에서도 견뎌 낼 수 있었던 이유는 딸이 기다리고 있기 때문이라고 했습니다. 기다려 주는 사람이 있으면 그 시련을 견뎌 낼 수 있습니다.

주변에 아무도 없는 것 같을 때 하나님은 우리를 기다려 주십니다. 기다리실 뿐 아니라 나를 위해 기도해 주십니다. 우리가 너무 절망스러워서 어떻게 기도해야 할지 모를 때도 성령님은 우리의 필요를 아시고 기도해 주십니다.

아우구스티누스(Augustinus)는 그의 저서《고백록》(Confessiones)에서 "인간은 하나님 품으로 돌아가지 않고는 평안할 수 없다. 그렇게 창조되었기 때문이다"고 말했습니다. 헨리 나우웬(Henri Nouwen)도 "I am restless until I rest in You"(당신 안에서 쉬기 전까지 내 마음에 평안은 없습니다)라고 말했습니다. 길 잃은 어린 양은 주의 품 안에서 쉬기 전까지는 결코 평안할 수 없습니다. 먹을 것만 풍족하다면, 환경만 좋다면 되는 것이 아닙니다. 모든 인간은 하나님께서 창조하셨기 때문에 주님의 품으로 돌아가지 않고서는 평안할 수 없습니다. 이것은 굉장히 멋진 일입니다.

이 땅에서도 "잘 돌아왔다"고 반겨 주시는데 천국에 가면 얼마나 반겨 주시겠습니까? 우리보다 먼저 하늘나라에 가신 믿음의 선배들도 주님과 함께 우리를 반갑게 맞아 줄 것입니다. "기도하고 있었어요. 잘 왔어요!" 또 하늘의 천사도 "잘 돌아왔어요. 당신의 고향입니다. 당신의 집도 있어요!" 하고 반갑게 맞아 줄 것입니다.

우리를 왕처럼 대접하시는 하나님

아버지는 종들에게 이르되 제일 좋은 옷을 내어다가 입히고 손에 가락지를 끼우고 발에 신을 신기라 그리고 살진 송아지를 끌어다가 잡으라 우리가 먹고 즐기자 이 내 아들은 죽었다가 다시 살아났으며 내가 잃었다가 다시 얻었노라 하니 그들이 즐거워하더라(눅 15:22-24)

저는 젊은 시절에 그리스도인이 되어 엄격한 기독교 환경 속에서 살았습니다. 그럼에도 이 말씀을 읽을 때마다 너무 감동이 되었습니다. 우리는 이 땅에서 '내 잔이 넘치는'

축복 속에서 살 수 있습니다. 자신의 구원받은 날을 축하하며 이웃들에게 축하 케이크를 돌릴 수 있다니 얼마나 멋진 일입니까?

하나님 아버지는 자녀로서의 자격이 없는 우리를 자녀 삼아 두 팔 벌려 맞아 주실 뿐 아니라 가장 좋은 것들로 우리를 대접해 주십니다. 얼마나 감사한 일입니까?

제가 연구하고 있는 빌 존슨(Bill Johnson)의 책 중에 재미있는 글이 있습니다. 미국에 가면 귀찮은 일이 한 가지 있습니다. 식사를 한 후에 팁을 주어야 하는 것입니다. 택시를 타거나 누군가 나를 위해 뭔가를 해 줄 때마다 팁을 주어야 합니다. 계산하기도 번거롭고 팁 대신 포테이토칩을 줄 수도 없는 노릇이지요. 어느 날 빌 존슨 선생이 레스토랑에서 식사를 한 후, 테이블에 많은 액수의 팁을 올려놓자 옆에 있던 사람이 "선생님, 그렇게 많이 줄 필요는 없어요. 조금만 주세요" 하고 말했습니다. 그러자 빌 존슨 선생은 "나는 왕가의 사람입니다"라고 했습니다. 그러니까 그 정도의 팁을 주는 것은 당연하다는 말이었습니다.

체 안(Che Ahn) 목사가 얼마 전 도쿄를 방문했을 때 오쿠야마 미노루(奥山実, 선교훈련센터 소장) 선생의 아드님인 노조무(望) 선생에게 전화를 걸어 "노조무 선생님, 잘 지내셨습니까? 도쿄에서 며칠 머물게 되었는데 식사 대접을 하고 싶군요. 왕가의 대접이 어떤 것인지 맛보러 오십시오" 하셨다는군요. 존슨 선생님도 마찬가지로 '왕가의 대접'에 대해서 언급하셨습니다.

천국의 대접이 기대됩니다. 이미 하늘나라에 가신 분들은 매일 하늘의 식탁에 앉아 대접받고 계실 것입니다. 상상하실 수 있습니까?

사울의 아들 요나단은 다윗의 절친이었습니다. 요나단이 블레셋과의 전쟁에서 죽임을 당한 후 다윗은 그의 아들 므비보셋을 돌보고자 "발견할 때까지 찾으라"고 명령했습니다. 은혜가 천 대까지 이어진다는 것은 바로 이런 것입니다. 다윗이 므비보셋을 발견했을 때 그는 다리를 절었고 힘들게 살고 있었습니다. 다윗은 남루한 그의 모습을 보고 가장 좋은 옷으로 갈아입히라고 했을 것입니다. 므비보셋은 한 번이 아니라 계속해서 왕의 상에서 다윗과 함께 식사를 했습니다. 므비보셋은 감동하여 "이 종이 무엇이기에 왕께서 죽은 개 같은 나를 돌아보시나이까"(삼하 9:8) 하며 감사했습니다.

이것이 '하나님의 입에서 나온 말씀을 먹으며 사는' 것입니다. 그리스도인은 가장 비천한 상황에서도 하나님의 말씀으로 배불리 살 수 있습니다. 그리고 '주님께서 죽은 개 같은 나를 돌아보신다'고 감사하게 됩니다.

체 안 목사가 편집한 《성령님과의 친밀한 교제》(聖靈樣との親しい交わり)에는 이런 글이 쓰여 있습니다.

"어째서 그 사람이 하나님의 역사에 쓰임을 받고 축복을 누리는가? 비결이 있습니다. 기도회의 메시지를 귀담아들으셨다면 아실 것입니다."

저는 이 말에 전적으로 동의합니다. 일본에는 8천 개의 교회가 있습니다. 그런데 어째서 그 교회에만 하나님의 축복이 임합니까? 주님은 전 세계를 빠짐없이 두루 살피시고 하나님을 향해 온 마음을 드리는 자에게 기름을 부으십니다.

체 안 목사가 말하고자 한 것은, 그럼에도 성령님을 잘 대접하는 기술을 아는 그 교회에 예수님이 계시기를 기뻐하시며, 그런 교회를 주님은 집중적으로 축복하실 것이라는 뜻입니다.

여러분은 어떤 레스토랑에 가십니까? 맛있는 곳은 물론

이거니와 대접을 잘하는 곳에 가지 않습니까? 친척이라면 누구 집에 가십니까? 잘 대접해 주는 곳이겠지요. 체 안 목사는 이 땅에서 자신을 가장 잘 대접해 주는 곳은 부모님 댁이라고 합니다. 제 부모님은 이미 돌아가시고 안 계십니다. 그렇다면 저는 어디로 가야 할까요?

성령님은 어느 곳에나 계시지만 마치 편애하시는 것처럼 대접을 잘하는 곳에 가십니다. 일본이라는 나라는 성령님을 불편하게 합니다. 일본의 복음파는 성령님을 내쫓았습니다. 싫다면서 추방한 것입니다. 성령의 은혜를 받은 사람들을 바보 취급했습니다. 성령님은 상처받으셨고, 슬퍼하셨습니다. 우리는 다시 한 번 성령님은 인격을 갖고 계시다는 사실을 자각하고 성령님을 환영해야 합니다.

"Welcome Holy Spirit! Good Morning Holy Spirit!"

성령님은 우리를 축복하십니다. 우리가 얼마나 많이 배웠든지, 봉사를 얼마나 많이 했든지, 우리의 달란트가 무엇이든지 상관없이 성령님은 모든 사람을 사랑하십니다.

"성령님, 당신과 함께 있어서 기쁩니다. 기쁘고, 고맙습니다. 감사함으로 가슴이 벅찹니다!"

매일 이렇게 말해 보십시오! 반드시 신비한 주님의 역사가 일어날 것입니다. 모든 악한 것이 선하게 바뀔 것입니다.
"당신과 함께라서 행복합니다!" 하고 끊임없이 고백하기 바랍니다. 이 땅에 독생자를 보내 주신 하나님 아버지께서 하물며 우리에게 만물을 주시지 않겠습니까?

받는 것만 생각했다면 주는 것도 생각합시다. 우리도 '왕가의 일원'입니다.

어떤 교회가 발행하는 신문에 '이제 일본에서 부흥의 전조가 일어나기 시작했다'는 글을 올린 목사가 있습니다.

"저는 수년 동안 어깨와 허리가 많이 아팠습니다. 최근에는 오른쪽 반신의 통증이 아주 심해서 장시간 운전을 하기 어려울 정도였습니다. 그런데 가까운 곳에 사는 86세 되신 어머니를 찾아갔을 때 어머니가 제 어깨에 손을 대고 기도하자 그곳의 통증이 완전히 사라져 아프지 않게 되었습니다. 어머니는 여섯 번이나 죽을 고비를 넘기신 분입니다. 그런 어머니에게 하나님은 치유의 은사를 주셨습니다. 실제로 이웃이나 같은 병실에 입원한 분을 위해 기도했을 때 그들의 병이 낫는 일도 여러 번 있었습니다. 정말로 십자가를 믿고 성령의 세례를 받으면 하나 이상의 뛰어난 성령의 은사를 주십니다."

지금까지 특별한 사람들에게 부어졌던 성령의 은혜가 평범한 사람들에게 부어지고 있습니다. 이것이 부흥의 징조입니다.

한편, 한동안 일본에 머물렀던 샌프란시스코에 사는 디자이너인 스자키(須崎) 자매가 수일 전에 미국으로 돌아가 편지를 보내 왔습니다.

"귀국하기 3일 전, 어머니가 '네가 귀국하기 전에 할 이야기가 있단다. 나도 네가 믿는 하나님을 믿고 싶구나. 입으로 고백하면 구원을 받는다고 너는 말하지만 어떡하면 되는 거니?' 하고 물었습니다. 저는 하나님의 선물이구나! 할렐루야! 하고 펄쩍 뛰어오르고 싶은 마음이었지만 실제로는 겸허하고 엄숙한 표정으로 이렇게 말했습니다. '어머니, 아마

누마하치만 신사(天沼八幡神社)에 참배하는 것을 그만두실 수 있으세요?' (어머니는 암 선고를 받은 뒤로 매일 아침 지방의 신사에 참배하러 갔습니다.) 어머니는 '그만둘게'라고 확실하게 대답했습니다. 다음 날 신앙 고백을 하고 구원의 은혜를 받았습니다! 다음에 귀국할 때는 야마토갈보리교회에서 어머니가 세례를 받았으면 좋겠습니다!"

'네가 믿는 하나님을 믿고 싶다'는 말을 듣는 그리스도인이 되십시오. 이것이 탕자를 환대한 아버지의 사랑을 아는 사람이 보여야 할 마땅한 모습이고, 성령의 기름 부음을 받은 사람에게서 나타나는 기적입니다.

성부와
성자와 성령의
이름으로

고린도후서 13:11-13

미국에는 하루 종일 농담거리만 생각하는 사람들이 있
나 봅니다. 목사 중에도 그런 사람이 있었다고 합니다. 그는
병상에 누워 죽음을 맞게 되었을 때, 마지막으로 어떤 농담
을 하고 떠날지를 고민했습니다. 내일이면 죽을지도 모르는
데 이 나이 든 목사는 아내에게 "교회에 가서 변호사 한 명
과 세무사 한 명을 데리고 와 달라"고 말했습니다. 아내가 그
의 말대로 변호사와 세무사를 데려오자, 임종을 앞둔 그는
가까스로 몸을 일으키더니 변호사와 세무사에게 십자가를

들게 한 다음 그 사이에 서서 "나는 말이지, 예수님처럼 죄인 사이에 서서 죽는 것이 꿈이었어" 했습니다.

미국에는 이처럼 변호사를 우스갯거리로 만드는 농담이 아주 많습니다. 조엘 오스틴(Joel Osteen)이라는 목사가 강단에서 이런 농담을 태연하게 하더군요. 회중 가운데는 변호사와 그의 가족도 있었을 텐데 말입니다.

한때 일본은 드라마 〈한자와 나오키〉(半沢直樹) 덕분에 은행원들 중에 꽤 나쁜 사람들이 있다는 사실을 알게 되었습니다. 그럼에도 훌륭한 은행원들도 많을 것을 생각하면 드라마를 만들 때 선의의 피해자까지 고려해야 하지 않나 싶습니다. 아무튼 저는 죽을 때 성도 중에 두 사람을 골라 십자가를 들게 한 다음 "아버지, 이들을 용서해 주십시오" 하고 말하고 예수님과 같은 모습으로 하늘나라에 가면 좋을 것 같습니다. 제가 임종을 앞두고 특별히 두 사람을 불렀다면 그게 무슨 뜻인지 알아차리기 바랍니다.(하하) 사실 모든 사람이 죄인임을 잊어서는 안 되겠지요.

마지막으로 말하노니 형제들아 기뻐하라 온전하게 되며 위로를 받으며 마음을 같이하며 평안할지어다 또

사랑과 평강의 하나님이 너희와 함께 계시리라 거룩하
게 입맞춤으로 서로 문안하라 모든 성도가 너희에게
문안하느니라 주 예수 그리스도의 은혜와 하나님의 사
랑과 성령의 교통하심이 너희 무리와 함께 있을지어다
(고후 13:11-13)

사도 바울은 고린도교회에 모두 세 통의 편지를 썼습니
다. 지금은 고린도전서와 후서만이 남아 있지만 고린도서를
잘 읽어 보면 '눈물의 편지'를 썼다고 한 것으로 보아 한 통
의 편지를 더 썼던 것 같습니다. 물론 현존하지는 않습니다.
아무튼 편지를 세 통이나 쓸 만큼 고린도교회에 심각한 문
제가 있었거나 그 이상으로 사도 바울이 고린도교회를 사랑
한 것으로 보입니다.

11절의 "마지막으로 말하노니 형제들아 기뻐하라"에서
'기뻐하라'는 '안녕'으로도 번역할 수 있다고 콜린 크루즈
(Colin G. Kruse)는 말합니다. 헬라어로는 '카이로'라고 합니다.
그런데 사람은 아무리 길게 편지를 썼더라도 '안녕'이라는
마지막 인사를 하기 전에 꼭 전하고 싶은 말을 강조하고 싶
어 합니다.

바울이 고린도 교인들에게 강조하고 싶은 말은 무엇일까요?

기뻐하라

마지막으로 말하노니 형제들아 ①기뻐하라 ②온전하게 되며 ③위로를 받으며 ④마음을 같이하며 ⑤평안할지어다 또 사랑과 평강의 하나님이 너희와 함께 계시리라(고후 13:11)

첫째는 '기뻐하라'입니다.

바울 신학은 그리 어렵지 않습니다. 데살로니가전서 5장 16-18절을 보겠습니다.

항상 기뻐하라 쉬지 말고 기도하라 범사에 감사하라 이것이 그리스도 예수 안에서 너희를 향하신 하나님의 뜻이니라 조금 어려운 신학이나 철학을 이해하지 못해도 그리스도인의 삶은 이해하기 쉽습니다. 그리스도인의 삶이란 늘 기뻐하고, 쉬지 말고 기도하며, 범사에 감사하는 것입니다. 믿음의 불길이 약하거나 인간관계가 어긋날 때는 이 세 가지를 할 수 없겠지요.

'범사에 감사하라'는 하나님의 말씀을 신뢰하고 순종하라는 의미합니다. 모든 일에 감사하면 반드시 기적과도 같은 일들이 일어납니다. 제가 존경하는 친구 목사가 최근 이런 글을 썼습니다.

"나는 가장 힘들 때 가장 큰 은혜를 받았다. 갈 곳을 잃고 헤매던 때에 가장 큰 축복을 받았다. 대체 왜 내게 이런 일이 일어났는지 인간의 지혜로는 도저히 해결할 수 없는 괴로운 일을 겪었을 때 하나님에게 가장 사랑받고 있다고 느꼈다. 항상 기뻐하라, 그리고 범사에 감사하라. 이를 실천한다면 모든 기적을 체험할 것이다. 내 삶이 하나님의 신비로운 계획 속에 있음을 깨닫게 될 것이다."

인생에서 왜 이런 일이 일어나는지 납득하기 어렵습니

까? 그래서 힘듭니까? 그러나 우리의 하나님은 인간의 지혜를 훨씬 뛰어넘는 선한 일을 계획하고 계심을 아시기 바랍니다. 이 사실을 믿으시기 바랍니다.

> 여호와의 말씀이니라 너희를 향한 나의 생각을 내가 아나니 평안이요 재앙이 아니니라 너희에게 미래와 희망을 주는 것이니라 너희가 내게 부르짖으며 내게 와서 기도하면 내가 너희들의 기도를 들을 것이요(렘 29:11-12)

'이것은 재앙이야. 나는 저주받은 거야' 합니까? 아닙니다. 하나님의 신비롭고 위대한 계획 아래 있는 것입니다. 얼마 전 후쿠시마에서 원전 방사능 유출 사고가 있었습니다. 전 세계가 경악한 사고였고 그로 인해 얼마나 많은 사람들이 고통 가운데 있는지 모릅니다.

너무나 괴롭고 싫고 고통스러운 고난을 만났을 때 사람들은 원망하고 남 탓을 하며 도망가고 싶어 하지만 그리스도인은 오히려 감사하며 고난에 직면하여 이겨 냅니다. 그런데 이것은 범사에 감사하는 습관이 없으면 그리스도인이라도 그러기가 쉽지 않습니다. 범사에 감사하기를 연습하고 몸에 익혀야 하는 것입니다.

주님은 우리 눈에는 보이지 않고 귀에 들리지 않으며 생각지 못한 일을 준비하십니다. 이것을 믿을 때 우리는 범사에 감사할 수 있습니다. 범사에 감사할 때 우리 삶에 기쁨이 넘칩니다. 하나님에 대한 완전한 신뢰는 우리의 완전함으로 이어집니다. 그래서 범사에 감사하는 것은 믿음의 싸움입니다.

온전하라

둘째는 '온전하게 되어라'입니다.

헬라어 원문에는 수동형으로 '온전하게 됨을 받으라'는 명령어로 표현되어 있습니다. 수동형인 이유는 인간의 힘으로는 할 수 없으므로 하나님께서 그렇게 하시도록 하라는 것입니다.

저는 이 완전함에 대해 수십 년 동안 고민해 왔습니다. 물론 이 완전함은 교회 성장의 완전론입니다. 존 웨슬리는 그의 책 《그리스도인의 완전》(Christian Perfection)에서 그리스도인의 완전, 거룩함, 성화, 정결에 대해 설명했습니다. '온전함'이란 지적으로 완전한 사람이 되라는 뜻도 아니고, 아담과 하와가 죄를 짓기 이전의 상태로 돌아가라는 뜻도 아니며, 천사가 되라는 뜻도 아닙니다. 분명히 말하지만 사람은 애당초 완전하게 될 수 없다는 것이 일반적인 생각입니다.

고린도교회는 문제가 많은 교회였습니다. 만약 고린도교회에 목사가 있었다면 아마도 신경쇠약에 걸려 수명대로 살지 못하지 않았을까 싶습니다. 고린도교회는 완전과는 너무나 거리가 먼 교회였습니다.

11절의 "마지막으로 말하노니 형제들아"에서 '형제들'은 복수형입니다. 다시 말해 복수형으로 지칭한 것은 교회를 의미한다고 봐야 합니다.

수백 마리의 개미를 관찰한 연구가 있습니다. 개미는 세 종류로 나뉘는데 첫 번째는 굉장히 성실하게 일하는 개미로 전체의 약 20퍼센트에 해당합니다. 두 번째는 그럭저럭 괜찮은 개미들로 전체에서 60퍼센트가량을 차지하며, 마지막 20퍼센트의 개미는 어떻게 손써 볼 도리가 없는 게으름뱅이입니다. 게으름뱅이 개미는 도대체 일을 하는 건지 노는 건지 알 수 없는 개미들입니다.

한 무리의 개미를 연구한 학자가 무리에게 아무런 도움도 안 되는 게으름뱅이 그룹을 없애 버렸습니다. 이 게으름뱅이 개미들만 없애면 모두가 열심히 일하고 또 같이 나누는 행복한 공동체가 될 거라 생각했던 겁니다. 과연 이 연구자의 예상대로 되었을까요? 안타깝게도 남은 80퍼센트의 개미들 중에서 다시 20퍼센트 정도가 게으름뱅이 그룹으로 전락했다고 합니다.

교회에도 20퍼센트가량의 성실하고 훌륭한 성도들이 있습니다. 바로 당신입니다. 그럭저럭 훌륭한 60퍼센트에 해당하는 성도들도 있습니다. 바로 당신입니다. 그리고 이 사람이 정말 그리스도인인지 의심스러운, 일명 '선데이 크리스천'이라 불리는 20퍼센트가량의 성도도 있습니다. 바로 당신입니다.

그러면 이 20퍼센트의 '선데이 크리스천'이 사라지면 교회는 더 좋아질까요? 아닙니다. 앞서 개미의 연구에서처럼 교회가 큰맘 먹고 '선데이 크리스천'을 없앤다 해도 지금까지 훌륭했던 80퍼센트의 성도들 중에서 게으름뱅이 그룹이 다시 생깁니다.

그렇다면 어떡하면 좋을까요? 있는 그대로 받아들이는 수밖에 없습니다.

저는 이것을 깨닫는 데 수십 년이 걸렸습니다. 목회자가 성도들 중 20퍼센트를 첫 번째 개미 그룹처럼 완벽하고 성실한 우등생으로 만들려면 그 목회자는 병이 날 것입니다. 저도 처음엔 그런 시도를 했으나 도중에 포기했습니다. 그랬더니 아이러니하게도 좋은 목사가 되었습니다. 물론 교회에 어떤 사람이 있어도 괜찮다는 뜻은 아닙니다.

바울은 고린도전서에서 강한 사람은 약한 사람을 도우라고 했는데, 이것이 바로 해결책입니다. 교회에 환자가 있으면 건강한 사람이 그 사람을 배려하십시오. 가난한 사람이 있으면 풍족한 사람이 베푸십시오. 교회는 그렇게 세워져 갑니다.

나치 독일은 장애인과 노인을 쓸모없는 존재라며 그들을 전부 없애는 반인륜을 범했습니다. 참으로 어리석고 위험하기 짝이 없는 발상입니다. 세상에는 도움이 안 되는 노인이라도, 간신히 삶을 이어 가는 사람이라도, 그저 음식을 받아먹기만 하는 사람이라도 모두 의미가 있는 존재입니다.

바울은 '형제들아', '형제자매들아'라는 복수형으로 교회의 완전함을 나타내고 있습니다. 눈이 있고, 코가 있고, 귀가 있고, 입이 있고, 다리가 있고, 각각의 지체들이 있어서 비로소 하나의 몸이 온전해지듯이, 교회도 각기 다른 성도들이 있어서 온전해집니다. 누가 더 중요하고 누가 더 필요하다고 할 수 없습니다. 바울이 말한 '온전하게 되어라'는 지체 간에 합력하여 온전한 교회를 이루라는 뜻입니다.

야구로 말하자면 4번 타자도 있어야 하지만 1번 타자도 있어야 하고 번트를 잘하는 선수도 있어야 하고 잘 달리는 선수도 있어야 합니다. 내야수도 필요하고 외야수도 필요합니다. 대주자도 있어야 하고 벤치에서 응원하는 사람들도 있어야 합니다. 모두가 투수일 수 없고 홈런왕일 수 없습니다. 그러므로 내가 건강하고 성실할 수 있는 것은 그렇지 못한 사람이 있기 때문입니다. 가족 간에도 마찬가지입니다.

마태복음에 기록된 예수님의 산상수훈에는 다음과 같은 구절이 있습니다.

> 그러므로 하늘에 계신 너희 아버지의 온전하심과 같이 너희도 온전하라 (마 5:48)

‘온전하라’고 말씀하십니다. 그럴 수 없는데 그러라고 하
는 것은 잔인한 일입니다. 예수님이 우리더러 ‘온전하라’ 하
신 것은 그럴 수 있기 때문입니다. 교회는 온전하게 될 수 있
습니다. 어떻게 온전할 수 있습니까? 44절부터 읽어 보겠습
니다.

> 나는 너희에게 이르노니 너희 원수를 사랑하며 너희
> 를 박해하는 자를 위하여 기도하라 이같이 한즉 하늘
> 에 계신 너희 아버지의 아들이 되리니 이는 하나님이
> 그 해를 악인과 선인에게 비추시며 비를 의로운 자와
> 불의한 자에게 내려 주심이라 너희가 너희를 사랑하는
> 자를 사랑하면 무슨 상이 있으리요 세리도 이같이 아
> 니하느냐 또 너희가 너희 형제에게만 문안하면 남보다
> 더하는 것이 무엇이냐 이방인들도 이같이 아니하느냐
> 그러므로 하늘에 계신 너희 아버지의 온전하심과 같이
> 너희도 온전하라(마 5:44-48)

바울은 이 구절을 받아 온전하게 되어라, 다시 말해 하나
님께서 온전하게 만들어 주신다고 말했습니다. 인품이 뛰어

난 사람이건, 능력이 출중한 사람이건, 열심히 봉사하는 사람이건, 할 수 있는 자는 할 수 없는 자를 위로하며, 강한 자는 약한 자를 배려하는 이웃 사랑으로 온전하라고 바울은 거듭 강조하고 있습니다.

일본의 성은 큰 돌로 쌓은 성벽으로 유명한데 오사카 성이 대표적입니다. 오사카 성은 엄청나게 큰 돌부터 작은 돌, 중간 크기의 돌까지 저마다 다른 크기의 돌들로 쌓아올린 성벽입니다. 그런데 중요한 것은 가끔 정으로 콩콩 두드려 다듬어야 하는 돌들이 있다는 사실입니다.

모난 돌이 정을 맞는 경험을 해보지 않았다면 그리스도인이라 할 수 없습니다. 여러분은 삶 속에서 정을 맞은 경험이 있습니까? 다듬어진 경험이 있습니까? 그렇게 해서 깨끗하게 정돈되지 않았습니까? 크건 작건, 그중에는 성 안의 모래와도 같은 존재, 돌이나 자갈과 같은 존재가 있습니다. 하지만 완벽한, 완전한 사람이 되십시오. 마지막으로 말하지만 고린도의 문제 교회여, 바로 그 점이 중요합니다, 라고 바울이 말하는 것입니다.

서로 위로하라

셋째는 '서로 위로받으라'입니다. 교회에 가지 않아도 그리스도인으로서 살아갈 수 있다고 믿는 사람들이 있습니다. 그러나 그것은 틀린 생각입니다. 언제든지 교회 안에서 함께 기도하며 교회를 세워 가야 합니다. 교회 안에는 공부를 많이 한 사람도 있고 공부가 부족한 사람도 있고 돈이 많은 사람도 있고 돈이 없어 가난한 사람도 있습니다. 이 모든 사람들이 교회 안에서 기도의 공동체가 되어야 합니다. 이것이 교회에 부여된 은혜입니다. 교회 안에서 벗어나지 않도록 기도할 때 비로소 완성되는 세계가 있습니다.

기도할 수 없을 정도로 바쁘다면 그 일은 그만두는 편이 낫습니다.

서로 위로하며 함께 나아가십시오. 우리 모두는 다른 사람의 기도가 필요한 사람임을 잊지 말아야 합니다.

마음을 같이하라

넷째는 '마음을 같이하라'입니다. 예수님은 요한복음에서 제자들에게 '하나가 되어라'고 유언하셨습니다. '하나가 되어라'는 예수 그리스도 안에서 교회로 하나되라는 의미입니다.

사탄은 하나가 되는 것을 방해하는 전문가입니다. 그러나 사탄의 존재를 부정하는 사람들이 있습니다. 이들이 바로 사탄의 먹잇감이 되기 쉽습니다. 하나님은 교회가 마음을 같이할 때, 한 마음이 될 때, 역사하십니다. 그러므로 교회가 하나되는 것을 방해하지 마십시오. 사탄의 먹잇감이 되지 마십시오.

믿고 세례를 받는 사람은 구원을 얻을 것이요 … 믿는 자들에게는 이런 표적이 따르리니 곧 그들이 내 이름으로 귀신을 쫓아내며 새 방언을 말하며 뱀을 집어올리며 무슨 독을 마실지라도 해를 받지 아니하며 병든 사람에게 손을 얹은즉 나으리라 하시더라 (막 16:16-18)

이 말씀은 예수님이 부활하신 뒤 제자들에게 나타나셔서

믿는 자들에게 따르게 될 표적을 약속하신 말씀입니다.

그중 첫째가 귀신을 쫓아내는 것입니다. 그리스도인은 악령을 내쫓을 수 있습니다. 사탄은 필사적으로 회심한 그리스도인의 인간관계를 깨뜨리거나 병을 일으키려 애를 씁니다. 물론 모든 병의 원인이 사탄의 역사로 일어나는 것은 아닙니다. 죽음은 죄의 대가이므로 이 땅의 질병은 죄에서 비롯되었다고 할 수 있습니다. 그럼에도 사탄이 가져오는 병도 있습니다. 오늘날 의학이 눈부시게 발전했지만 새로운 병이 계속해서 생겨나는 것을 봅니다. 이것이 바로 사탄의 계략입니다.

한편, 사탄은 걱정과 근심을 심어 우리 삶을 혼란에 빠뜨리기도 합니다. 실제로 걱정과 근심이 심해서 악령에 사로잡힌 그리스도인이 의외로 많습니다.

하지만 염려 마십시오. 우리에겐 귀신을 쫓을 능력이 있습니다. 어떻게 쫓습니까? "사탄아, 주 예수 그리스도의 이름으로 명하노니 당장 떠나라!"고 명령하면 됩니다. "사탄님, 부디 나가 주세요" 하고 부탁해선 절대 쫓아낼 수 없습니다.

스코틀랜드에서 가장 온화하고 조용한 목사로 알려진 조지 던컨(George Duncan) 목사가 이런 말을 했습니다.

"오늘날 기독교에 가장 필요한 것은 큰 집회가 아니라 일상생활 속의 독뱀을 어떻게 물리치는가이다. 사도행전에서 사도 바울이 독뱀에 물렸던 때처럼 가장 평범한 일상 속에서 갑자기 위험한 사건이 발생한다. 누워서건 깨어서건 악령을 몰아내라. 인간의 역사가 시작되던 처음 그때부터 인간의 삶을 계속 파괴하고 있는 악마는 거짓말쟁이다. 그리스도의 이름으로 물리쳐라."

저는 이렇게 온화하고 고상한 목사에게서 이런 말이 나올 줄은 정말 상상도 못했습니다. 그래서 그의 메시지는 충격적인 동시에 강렬했습니다.

사실 이런 말은 아무 때나 해선 곤란할지도 모릅니다. 만취해서 집에 돌아온 남편에게 "예수 그리스도의 이름으로 명하노니, 사탄아, 당장 나가라"고 말한다면 부부싸움하자고 시비 거는 거나 마찬가지입니다. 믿지 않는 환자를 향해 이렇게 말한다면 얼마나 황당하겠습니까. 그러므로 아무도 없는 곳에서 진지하게 그리스도의 이름으로 악령을 쫓아내십시오.

"예수 그리스도의 이름으로 명하노니 사탄아, 당장 떠나라! 불신앙의 악령아, 불순종의 악령아, 사랑을 망가뜨리는 분열의 악령아, 예수 그리스도의 이름으로 명하노니 물러나라!"

평안하라

다섯째는 '평안할지어다'입니다. 평화로운 삶을 싫어하는 사람은 없습니다. 싸움이 싫습니다. 분냄도 싫습니다. 매일 평화로이 살고 싶습니다. 성경에서 '평안할지어다'. '평강의 하나님'이라는 표현은 종종 나오지만 "사랑과 평강의 하나님이 너희와 함께 계시리라"는 표현은 이 구절에만 나옵니다. 여러분에게 사랑의 하나님, 평강의 하나님이 함께하시기 바랍니다.

존 웨슬리가 87세를 일기로 생을 마감하기 전에 누군가 "선생님, 선생님은 살면서 무엇이 가장 좋았습니까?"라고 묻자 그는 이렇게 대답했습니다.

"87년을 살면서 때때로 하나님이 함께하신다는 것을 느

껐다. 그리고 지금 나이 들어 움직이지도 못하고 아무것도 할 수 없지만 하나님이 함께해 주신 것이 내 삶에서 최고로 멋진 일이었다. 사랑과 평강의 하나님이 늘 함께하신다. 온화함과 따뜻함과 사랑으로."

여러분은 온화함과 평온함 가운데 있습니까? 혹시 잠시도 앉아 있기 힘든 바늘방석에 앉아 있지 않습니까? 아니 여러분이 뾰족한 가시를 드러내고 있지는 않습니까?

따뜻하고 부드럽고 온화한 관용이 넘치는 하나님은 사랑과 평강의 하나님이십니다. 그분에게 둘러싸여 살고 있다는 사실을 잊지 마시기 바랍니다.

저는 언젠가 마더 테레사(Teresa)가 부른 특별찬양을 듣고 크게 감동한 적이 있습니다. 더구나 69세에 노벨 평화상을 수상하면서 자신을 위한 축하 파티 대신 가난한 이들에게 음식을 나눠 줄 수 있도록 해달라고 한 그녀의 일화는 두고두고 잊지 못할 것입니다.

마더 테레사는 위험한 불구덩이로 자기 몸을 던진 사람입니다. 마더 테레사가 죽었을 때 힌두교 국가인 인도는 만장일치로 그녀의 장례를 국장(國葬)으로 치르는 데 합의했습니다. 종교와 상관없이 100만 명이 거리로 나왔고, 전 세계 수십억의 인구가 텔레비전을 통해 마더 테레사의 죽음을 애도했습니다. 그녀의 죽음에 사랑과 평강의 하나님이 함께하셨습니다.

마더 테레사의 아버지가 45세의 일기로 세상을 떠났을 때 그녀의 나이는 아홉 살이었습니다. 그녀의 아버지가 정치적인 이유로 독살당했다고 주장하는 사람도 있습니다. 그렇게 아버지를 떠나보낸 뒤 마더 테레사는 열두 살에 주께 헌신하여 열여덟 살에 그토록 열렬하게 소망하던 수도원에 들어갔습니다. 당시 그녀는 아그네스라는 이름으로도 불렸나 봅니다. 친구들이 "아그네스, 결혼도 할 수 없게 되는 거야. 결혼하기 싫어? 부모 형제와도 떨어져 만나지 못하게 돼" 하며 그녀가 수도원에 들어가는 것을 말리자 마더 테레사는 눈물을 흘리며 이렇게 대답했다고 합니다.

"나는 가난한 이들을 위해 일하고 싶어."

마더 테레사도 그랬겠지만 수녀가 되기 위해선 다음의 세 가지를 엄숙하게 약속해야 합니다.

첫째는 '청빈 서약'입니다. 청빈한 삶을 사는 것입니다. 재산이든 소유물이든 자신의 것이라 주장할 수 없으며 그 모든 것을 타인을 위해 사용하겠다는 약속입니다.

둘째는 '정절, 정결'입니다. 수녀는 예수님과 결혼한 것으로 간주해 다른 남자와 결혼할 수 없으며, 오로지 이웃을 사랑하고 이웃을 위해 일하며 정절과 정결을 지키겠다는 약속입니다.

셋째는 '순종 서약'입니다. 일생을 통해 하나님의 말씀에 순종하겠다는 약속입니다.

겸허하게 가톨릭에게서 배워야 할 내용들입니다.

거룩하게 입맞춤으로 서로 문안하라 모든 성도가 너희에게 문안하느니라(고후 13:11-12)

'거룩하게'란 속되지 않다는 뜻입니다. 거룩하게 입맞춤하며 서로 문안하는 것이 당시의 풍속이었나 봅니다. 동작이야 어떻든 마음을 다해 서로 인사하라는 뜻입니다. 서양에서처럼 서로 껴안고 입을 맞추고 악수를 하는 인사법도 훌륭하지만 서로를 향해 절하는 일본의 인사법이나 두 손을 모으고 인사하는 태국의 인사법도 훌륭하다고 생각합니다. 오히려 어느 정도 거리를 두고 서로를 향해 존경의 마음을 나타내는 동양의 인사가 멋지지 않나 생각합니다.

규슈(九州)에는 가톨릭 신부인 친구가 있습니다. 그가 얼마 전 제게 편지를 보내왔습니다.

"오오카와 선생, 만나고 싶군요. 만나고 싶어요. 만나서 하고 싶은 이야기가 아주 많습니다. 만나고 싶습니다. 만나주세요."

그러고는 편지 말미에 '제자 ○○신부'라고 표기했습니다. 제자라니요! 저는 기겁을 하며 그런 말하지 말라고 했지만 그는 개신교 목사인 제게 배우고 싶고 도움이 되고 싶다며 굳이 제자가 되겠다고 합니다. 참 아름다운 마음이지 않습니까? 이런 마음으로 서로 문안하고 교제하기를 힘쓰시기 바랍니다.

성부와 성자와 성령의 이름으로

> 주 예수 그리스도의 은혜와 하나님의 사랑과 성령의
> 교통하심이 너희 무리와 함께 있을지어다(고후 13:13)

삼위일체인 예수님과 아버지 하나님, 성령님이 등장합니다. 축도의 원형입니다. 목사들은 예배 마지막에 두 손을 들고 이 삼위일체 하나님의 이름으로 성도들에게 축복합니다.

먼저 하나님이 누구입니까?

주기도문은 "하늘에 계신 우리 아버지"로 시작합니다. 인간 세상을 초월해 하늘에 계신 하나님입니다. 그런 하나님을 우리는 놀랍게도 아버지라고 부릅니다. 우리를 초월해서 존재하시지만 그럼에도 우리와 가장 가깝게 존재하시는 분임을 의미합니다.

저는 열다섯 살에 고등학교 입시에 실패한 뒤 부모님과 떨어져 지냈습니다. 부모님이 계시는 시즈오카에서 도쿄로 온 뒤 오랫동안 혼자 지내야 했습니다.

어린 나이에 부모님과 떨어져 지내다 보니 너무 외로워서 매일 '하늘에 계신 우리 아버지'를 찾았습니다. 당시는 전화도 없어서 가족들의 목소리도 들을 수 없던 터라 낮이나 밤이나 힘들 때나 기쁠 때나 '하늘에 계신 우리 아버지'를 부르고 또 불렀습니다.

창세기는 "땅이 혼돈하고 공허하며 흑암이 깊음 위에 있고 하나님의 영은 수면 위에 운행하시니라"(창 1:2)면서 하나님이 말씀으로 빛을 창조하셨다고 기록하고 있습니다. 무에서 유를 창조하신 것입니다. 하늘과 땅을 창조하시고 세상 만물을 키우시는 그분이 바로 나의 아버지이십니다. 성공했을 때나 실패했을 때나 건강할 때나 아플 때나 위기를 넘겼을 때나 위기에 넘어져 실의에 빠졌을 때나 하나님은 나의 아버지이십니다. 그래서 우리는 '기쁘고, 고맙고, 감사한 마음이 넘치게' 살아야 합니다. 하늘과 땅을 창조하신 하나님을 아버지라 부를 수 있으니 그래야 합니다.

그런데 예수 그리스도가 등장합니다. 그는 누구입니까?

저는 은혜라는 말이 세상에서 가장 아름다운 단어라고 생각합니다. "하나님이 세상을 이처럼 사랑하사 독생자를 주셨으니 이는 그를 믿는 자마다 멸망하지 않고 영생을 얻게 하려 하심이라"(요 3:16)야말로 Amazing Grace, 놀라우신 은혜입니다. 하나님은 무조건적이며 일방적으로 우리에게

이 같은 은혜를 주십니다.

독생자란 예수 그리스도를 말합니다. 그로 말미암아 우리는 죄를 용서받았고 영생을 약속받았습니다. 우리는 "아버지 저들을 사하여 주옵소서 자기들이 하는 것을 알지 못함이니이다"(눅 23:34) 하시는 예수님의 사랑 안에 살고 있습니다.

우리는 하나님을 아버지라 부를 수 있고 그의 유일하신 아들의 은혜로 영생을 약속받았을 뿐 아니라 매일 매 순간 성령 하나님과 교제를 나누며 살 수 있습니다. 성령님은 누구입니까?

성령님은 특별히 교제를 창조하셔서 그것을 우리에게 선물하시고 우리가 그것을 누리도록 하셨습니다. 얼마나 축복받은 인생입니까! 성령 하나님은 나의 약함을 아시고 그것을 위해 기도하고 도우십니다. 우리는 성령님과 교제하는 가운데 성령님의 특별한 도우심을 경험하게 됩니다.

그의 이름은 기묘자라, 모사라, 전능하신 하나님이라

(사 9:6)

'기묘자, 모사'라는 표현은 조금 이해하기 어렵지만 영어로는 'wonderful counselor'로서 헨델(Georg Friedrich Händel)의 〈메시아〉에도 등장합니다. 학자들 중에는 'wonderful'을 형용사가 아니라 대명사라고 보는 사람도 있습니다. 예수님의 이름이 'Wonderful' 즉, 기묘자라는 것입니다.

히브리어로는 '페레'라고 하는데 이것은 일반적으로 '앗, 신기한 일이 일어났다'와는 완전히 다른 의미입니다. '페레'는 '파라'에서 유래된 말로 '파라'는 무에서 유를 창조하신 하나님에게만 사용할 수 있는 단어입니다. 그런데 이 '페레'도 하나님께서 이루신 사건을 뜻합니다. 그러므로 정말 기묘하다는 뜻입니다.

유대인들은 아이들을 깨울 때 "일어나!" 하고 소리치지 않습니다. 아이들의 눈을 맞추고 "이삭, 아브라함, 페레"라고 말해서 깨웁니다. '살아 있는 것이 신기하다, 살아가고 있는 것이 신기하다, 전쟁 중에도 밥을 먹을 수 있으니 신기하다, 눈을 뜰 수 있으니 신기하다, 지금 이렇게 얼굴과 얼굴을 맞대고 있는 것이 신기하다'는 뜻입니다. 예수님의 이름 '페레'(Wonderful)는 그냥 신기함이 아니라 주님만의 역사로 영광을 나타내는 신기함입니다.

한밤중에 찾아온 손님

요한복음 3:1-5

저의 아오야마학원대학(靑山學院大學) 시절, 대학의 명물이
자 학장이던 교수님이 예배당에서 하신 말씀이 있습니다.

"학생 시절, 요코하마역에서 서둘러 걷다가 맞으편에서
걸어오는 여자와 부딪쳐 함께 구르는 사건이 있었습니다.
당시는 여자들이 하카마(품이 넓은 바지)를 많이 입었는데 넘
어지면서 제 발이 그 여자의 바지 속으로 들어가 함께 계단
을 굴렀습니다. 저는 얼굴이 빨개져서 상대 여자에게 급히

사과한 다음 도망치듯 집으로 돌아왔습니다. 그런데 다음 날 요코하마역에서 다시 그 여자와 마주쳤습니다. 저는 서둘러 '어제는 죄송했습니다' 하고 사과했습니다. 일주일 후에도 그 여자를 만났고 이번에도 저는 '지난주에는 죄송했습니다' 하고 사과했습니다. 다음 달에도 또 만났고 역시 '지난달에는 정말 죄송했습니다' 하고 사과했지요. 그러면서 저와 여자는 차츰 친해졌고 그 여자는 지금의 제 아내가 되었습니다."

마틴 부버(Martin Buber, 유대인 철학자)는 "인생은 만남에 의해 결정된다"고 말했습니다. 저의 은사님처럼 평생의 동반자를 얻는 만남이 있는가 하면, 한편으로 평생의 상처가 되는 만남도 있습니다. 이렇듯 사람과의 만남은 성공도 있고 실패도 있습니다. 하지만 예수 그리스도와의 만남은 그보다 더 좋을 수 없는 멋진 만남입니다. 아름다운 만남입니다.

그런데 바리새인 중에 니고데모라 하는 사람이 있으니 유대인의 지도자라 그가 밤에 예수께 와서 이르되 랍비여 우리가 당신은 하나님께로부터 오신 선생인 줄 아나이다 하나님이 함께하시지 아니하시면 당신이 행하시는 이 표적을 아무도 할 수 없음이니이다 예수께서 대답하여 이르시되 진실로 진실로 네게 이르노니 사람이 거듭나지 아니하면 하나님의 나라를 볼 수 없느니라(요 3:1-3)

니고데모는 산헤드린 공회의 한 사람으로서 정치적인 힘도 있었을 뿐 아니라 부자였고 인격적으로도 존경받는 사람이었습니다. 산헤드린 공회는 유대인들의 최고의결(통치)기관으로서 지금으로 말하면 일종의 국회의원이라고 할 수 있습니다.

그런 사람이 지금 예수님을 만나러 왔습니다. 그런데 그는 한밤중에 왔습니다. 왜 그랬을까요? 낮에는 사람들 눈에 띄어서 일부러 밤에 갔을 수도 있고, 한편으론 소란스런 낮

보다 조용한 밤을 택한 것인지도 모릅니다. 어쨌거나 중요한 것은 사회적으로 명망 있는 그가 예수님을 직접 만나고 싶어 했다는 사실입니다.

저는 영향력 있는 부흥집회에 찾아다니려 노력합니다. 전 세계에 흩어진 하나님의 종들을 만나고 느끼고 그들로부터 하나님의 음성을 듣기 위해서입니다. 올해만 해도 멀린 캐로더스(Merlin Carothers)를 만나기 위해 여러 번 미국을 방문했습니다. 하나님을 향한 찬양이 곧 능력이 된다고 한 그녀의 말처럼 그녀의 삶은 자체로 능력이 되고 있습니다. 그녀의 이야기는 영화로도 만들어졌습니다. 특별히 멀린 캐로더스가 쓴 《찬송생활의 권능》과 《감옥생활에서 찬송생활로》를 읽어 보시기 바랍니다.

캘리포니아의 시골 마을 레딩에는 빌 존슨(Bill Johnson) 목사가 목회하는 교회가 있습니다. 매주 매일 기적이 일어나는 그곳을 연구하기 위해 전 세계 사람들이 온다고 합니다. 저도 그곳을 방문해 목사님의 기도를 받았습니다. 얼마 전에는 오키나와를 방문한 대만의 주 목사를 만났고, 캐나다 토론토에서 부흥을 일으키고 있는 랜디 클라크(Randy Clark) 목사도 조만간 만나기로 했습니다.

이렇게 하나님의 손에 붙들려 세계적인 영향을 끼치는 주님의 종을 만나면 새로운 세계가 열리곤 합니다.

니고데모는 아마도 제가 주님의 종을 만나러 가는 것과 같은 동기로 예수님을 만나러 왔을 것입니다. 오늘날 예수님의 종이 아니라 예수님을 직접 만나려면 어떻게 해야 합니까?

두 가지 방법이 있습니다. 하나는 죽어서 하늘나라에서 만나는 것이고, 다른 하나는 말씀으로 기도로 찬양으로 만나는 것입니다. 예수님은 "내가 곧 길이요 진리요 생명이니 나로 말미암지 않고는 아버지께로 올 자가 없느니라"(요 14:6)고 하셨습니다. 또 "구하라 그리하면 너희에게 주실 것이요 찾으라 그리하면 찾아낼 것이요 문을 두드리라 그리하면 너희에게 열릴 것이니"(마 7:7)라고도 하셨습니다. 예수님을 만나고 싶다면 죽음이 아니라 살아서 구하고 찾아서 만나십시오. 니고데모처럼 찾아가서 만나십시오.

우리는 예수님이 메시아이며 하나님인 줄 알지만 니고데모는 그 사실을 몰랐습니다. 그러고도 그는 애써 예수님을 찾아갔습니다. 이런 열심이 필요합니다.

주님은 말씀을 통해, 우리가 간구하는 기도를 통해 말씀하십니다. 주님은 우리가 드리는 예배를 통해서도 말씀하십니다. 누구든지 듣고자 하면 주님의 세미한 음성을 들을 수 있습니다. 지금 교회에 나가기 시작했다면 6개월만 빠지지 않고 예배에 열심히 참석해 보십시오. 주님이 보여 주시는 세계를 보실 것입니다. 영원의 나라, 진리의 나라인 하나님 나라를 볼 수 있을 것입니다.

주가 함께하심을 아는 능력

> 그가 밤에 예수께 와서 이르되 랍비여 우리가 당신은 하나님께로부터 오신 선생인 줄 아나이다 하나님이 함께하시지 아니하시면 당신이 행하시는 이 표적을 아무도 할 수 없음이니이다(요 3:2)

니고데모는 꽤 지적인 인물이라고 보아집니다. 그는 관찰하고, 분석하고, 연구한 결과 예수님에게는 하나님이 함께하신다는 결론을 내렸습니다. 원문에서는 '표적'이 복수형입니다. 영어성경(KJV)에도 'these miracles'로 복수형으로 되어 있습니다. 요한복음 2장에는 예수님이 이 땅에서 행한 첫 번째 표적이 기록되어 있습니다. 가나 혼인잔치에서 물이 포도주로 변하는 기적을 행한 것입니다.

당시 유대인의 결혼식은 여러 날 동안 계속되었는데, 이스라엘의 수질이 좋지 않다 보니 사람들은 물 대신 포도주를 마셨습니다. 그래서 결혼식 피로연에서 가장 주의를 기울여야 할 것이 포도주를 충분히 준비하는 것이었습니다. 그런데 가장 중요한 포도주가 떨어졌습니다. 주인이 준비를 게을리한 것인지, 손님들이 예상보다 포도주를 많이 마셨는지는 모르겠지만 큰일 났습니다. 마리아가 눈치 채고 이 사실을 예수님에게 알렸습니다.

예수님은 "나와 무슨 상관이 있나이까 내 때가 아직 이르지 아니하였나이다" 하면서도 그 집 하인들에게 여섯 개의 물 항아리에 "물을 채우라"고 명령했습니다. 그러자 물이 포도주로 변하였고 그 맛은 손님들이 놀랄 만큼 이전에 먹던 것보다 훨씬 맛있었습니다.

처음 신혼 때는 깨가 쏟아지더니 시간이 지날수록 나빠져서 결혼생활이 힘든 사람이 있습니다. 신앙생활도 처음 세례를 받을 때 정점을 찍고는 점차 나빠져서 교회에 나와

예배드리는 것도 힘든 사람이 있습니다. 그러나 예수님의 손을 거친 포도주는 처음보다 훨씬 좋아졌다고 합니다. 예수님과 함께하는 사람은 처음보다 나중이 더 좋습니다.

언젠가 하네다 공항에서 신혼여행을 마치고 돌아오는 신혼부부를 본 적이 있습니다. 그들은 무엇 때문에 화가 났는지 얼굴을 잔뜩 찌푸리고는 서로를 향해 연신 툴툴댔습니다. 그들을 일면식한 적도 없지만 나는 속으로 그들을 위해 기도했습니다.

처음에는 맛이 좋았으나 시간이 지날수록 맛이 없거나 포도주가 아예 떨어질 때가 있습니다. 신앙생활도 그렇고 부부가 사랑하는 일도 이와 같습니다. 맛이 없거나 포도주가 떨어졌다는 것은 사랑이 결핍되었음을 의미합니다.

물이 포도주로 변한 건 하인들이 예수님의 말씀에 순종했기 때문에 가능했습니다. 그리스도인은 이래야 합니다. 하나님이 오늘 내게 무슨 말씀을 하시는지 들을 수 있어야 하고, 들었으면 순종으로 말씀에 따라 살아야 합니다. 그럴 때 하나님의 역사가 일어납니다. 그럴 때 우리는 하나님의 비밀을 간직한 사람이 됩니다.

그런데 물이 포도주로 변한 현장에 있던 사람들 중 하인들만 그 사실을 알았습니다. 포도주가 떨어지지 않도록 주의를 기울여야 할 주인도 몰랐고 그 술을 마시며 즐기던 사람들도 몰랐습니다. 왜 그렇습니까? 그들의 자존심이, 교만이 그 사실을 보지 못하게 하기 때문입니다. 하인들은 예수님 앞에서 자존심을 내세우지 않았습니다.

만약 하나님께 크게 쓰임을 받고 싶다면 종이 되어 사람들에게 봉사하십시오. 놀라운 축복이 함께할 것입니다. 기독교는 '섬김의 공동체'입니다.

여러분의 삶 속에서 선한 일을 하려고 노력하십시오. 선택받은 백성으로서, 하나님의 마음에 합당한 종으로서, 사람들을 섬김으로써 최고가 되십시오. 그리고 천국에 들어갔을 때 그리스도의 가까이에 있을 수 있도록 노력하십시오.

포도주가 다 떨어지면 타인을 사랑할 수도, 자신을 사랑할 수도 없습니다. 자신도, 타인도 취하게 하지 못하는 현실에 부딪혔을 때, 예수 그리스도의 말씀을 실천하면 기적이 일어납니다.

"Say 'yes' to Jesus"(무엇이건 주의 음성에 따르자)!

제가 중학생 때 교회 선생님이 하신 말씀입니다. 저는 그 후 58년의 세월이 흐르는 동안, 예수님의 말씀에 귀 기울이고 순종하기 위해 노력하며 살았습니다. 그것은 말씀에 따라 살기 원하는 사람에게 임하는 하나님의 은혜였습니다.

아이치현(愛知県)의 세토(瀬戸)에는 우리 교회 지교회가 있습니다. 전국이 태풍의 영향권에 있던 어느 해 거기서 특별 전도집회를 강행한 적이 있습니다. 집회 중에 구라치게(倉知契) 부목사의 처남이 교토에서 과수원을 하고 있는데 그곳이 물에 잠겨 큰 손해를 입었다는 소식을 듣고 우리는 합심해 그 과수원을 위한 축복기도를 드렸습니다. 그 후 수확철이 되었을 때 다행히 피해를 입지 않은 포도들이 예년과 비교할 수 없을 정도로 맛있게 되었다는 소식을 들었습니다. 사람들은 필시 그것을 우연이라고 말하겠지만 요한복음 2장을 알고 있는 우리는 '아, 물이 포도주로 변한 것과 같은 기적이 일어났다'고 생각했습니다. 그래서 감사기도를 드리고 하나님께 영광을 돌렸습니다.

기적은 기적을 믿는 사람들에게만 일어납니다. 무색무취의 물이 아주 질 좋은 포도주로 바뀌는 기적, 사랑할 줄 모르던 사람이 사랑의 종, 기도의 종으로 바뀌는 기적이 우리 삶에서 일어나길 바랍니다.

니고데모는 예수님이 행한 표적을 보고 그것이 하나님이 함께하시는 증거라고 믿었습니다. 그는 하나님이 함께하시지 않는다면 이 같은 기적은 일어날 수 없다고 보았습니다. 우리에게도 니고데모와 같은 관찰력이 필요합니다. 성경을 연구하고 묵상한 사람은 하나님은 우리와 함께하시는 분임을 깨닫습니다.

모세는 평범한 목자에 불과했지만 하나님께서 함께하시므로 이스라엘 백성을 이끄는 지도자가 되었습니다. 여호수아도 "강하고 담대하라 두려워하지 말며 놀라지 말라 네가 어디로 가든지 네 하나님 여호와가 너와 함께하느니라"(수 1:6)는 말씀을 듣고 담대히 요단강을 건너게 되었습니다. 아브라함도 그랬고 요셉도 그랬습니다. 다니엘과 친구들도 하나님께서 함께하셨기에 기적을 경험할 수 있었습니다. 마리아도 "은혜를 받은 자여 평안할지어다 주께서 너와 함께하시도다"(눅 1:28)는 말씀을 듣고 "주의 여종이오니 말씀대로 내게 이루어지이다"(눅 1:38)라고 결단할 수 있었습니다.

미국의 16대 대통령인 에이브러햄 링컨(Abraham Lincoln)은 하나님의 도움을 구하며 이렇게 기도했다고 합니다.

"제 뜻에 하나님의 뜻을 맞추지 않고, 오직 하나님의 뜻에 제 뜻을 맞추기를, 하나님 앞에서 제가 움직이기를 바라나이다. 하나님, 도와주십시오. 하나님을 이용하는 것이 아니라 하나님의 뜻에 합당한 제가 되기를 원합니다. 하나님, 부디 저와 함께해 주십시오."

하나님이 우리 삶에 함께하시는 분임을 아는 것이 중요합니다. 그것을 알면 우리도 모세처럼, 여호수아처럼, 다니엘처럼 하나님의 역사를 이루는 사람이 될 수 있습니다.

어두울수록 그리스도를 찾아야 한다

그가 밤에 예수께 와서 이르되(요 3:2)

스위스의 류티(Lüthi)라는 사람은 이 말씀을 보고 이런 묵상을 했습니다.

"니고데모라는 위대하고 성실한 신사는 예수를 알았을

때, 그의 마음속에 존재하는 밤을 경험했으리라. 그가 자기 내면의 밤을 가지고 그리스도를 찾아간 것이 아니겠는가?"

우리 인생에도 칠흑같이 어두운 밤이 있습니다. 빛이 없으니 앞이 보이지 않아 막막하기만 합니다. 그런데 예수님은 자신이 세상의 빛이라고 하셨습니다. 그러면서 다음과 같이 말씀하시며 우리를 초청하셨습니다.

> 수고하고 무거운 짐 진 자들아 다 내게로 오라 내가 너희를 쉬게 하리라(마 11:28)

빛이 없는 밤에 있으면 수고하나 무겁기만 합니다. 그 무게에 눌려 숨을 쉴 수가 없습니다. 인생의 밤은 참으로 고통스럽습니다. 예수님은 그런 우리에게 "오라"고 초청하십니다. 주님이 "오라" 하실 때 가면 됩니다. 그러면 쉼을 얻게 됩니다. 쉼을 얻는다는 것은, 그토록 힘에 겹던 무거운 짐을 예수님 발아래 내려놓았다는 의미입니다.

어느 날 규슈에서 온 부부가 제게 물었습니다.

"저는 간암에 걸렸습니다. 의사는 수술을 하라고 말하지만 항암제를 맞으며 고통스러워하면서 병석에 앓아눕기는 싫습니다. 마지막 가는 날까지 예배드리고 찬양하며 살고 싶습니다. 그래서 아내와 함께 기도하며 수술을 하지 않기로 했는데, 어떻게 생각하십니까?"

이런 질문은 저를 너무 곤혹스럽게 합니다. 어떤 대답을 하든 그 대답에 대해 제가 책임져야 하기 때문이고, 어쩌면 의사들에게 공격당할지도 모르기 때문입니다. 하지만 저는 그들에게 부부가 합심해 기도하기로 했다면 그렇게 하라고 말해 주었습니다.

수술하지 않고 기도하며 병이 낫기를 기대하는 것은 위험할 수 있습니다. 어쩌면 불안함에 짓눌려 그 때문에 더 괴로울 수 있습니다. 그러나 하나님은 "나는 전능한 하나님이라 너는 내 앞에서 행하여 완전하라"(창 17:1)고 하셨습니다. 하나님만 전적으로 신뢰하며 인생을 살라고 하신 것입니다.

오사와 다케오(大澤武男)의 《유대인의 교양》(ユダヤ人の教養)에는 유대인은 어떻게 세계에서 가장 많은 수의 노벨상 수상자를 배출하게 되었는지를 분석한 내용이 있습니다. 그에

따르면 유대인의 저력은 조상 대대로 이어져 내려온 교육과 교양에서 나온다고 합니다. 구약성경에서는 '교양 즉, 가르쳐 기르는 것은 하나님의 명령이자 의무이고, 생명이다. 지혜는 인생을 비추는 빛, 그것은 진주나 황금보다 귀하다'고 했습니다. 즉 하나님을 경외하고 그 율법을 지켜라, 이것보다 중요한 계명은 없다고 말합니다.

유대인만큼 불행하고 슬픈 역사를 지닌 민족도 없을 것입니다. 그들은 세계 각국으로 뿔뿔이 흩어져서도 참으로 놀랍게도 3천 년 이상이나 독자적인 전통과 정체성을 견지할 수 있었습니다. 어떻게 그럴 수 있었을까요?

3천여 년 세월 동안 그들이 자신의 정체성을 지킬 수 있었던 것은 그들 고유의 교육과 교양 때문이었습니다.

오사와 다케오는 독일에서 공부를 했는데 그가 독일에 있었을 때 〈일본침몰〉(日本沈沒)이라는 SF 영화가 개봉돼 큰 화제를 모았습니다. 〈일본침몰〉은 고마쓰 사쿄(小松左京)의 소설을 영화화한 것입니다. 그런데 2011년 3월 11일에 이 영화를 떠올린 사람이 많았을 것이라 생각합니다. 지금도 떠올리기가 고통스런 후쿠시마 원전사고를 두고 하는 말입니다.

노래 '토끼를 쫓던 그 산, 물고기를 잡던 그 강'을 부르면 지금도 동북지방의 사람들은 눈물을 흘립니다. 고향을 잃었으니까요. 하지만 고향이 없는 것은 아닙니다. 방사능으로 들어가지 못하게 되었을 뿐 수십 년이 지나면 돌아갈 수 있을지도 모릅니다.

물론 지금도 제2의 원전사고가 일어나지 않으리라는 보장은 없습니다. 만일 일본 전역의 원자력발전소가 한꺼번에 폭발한다면 일본은 그 자체로 오염된 땅이 될 것입니다. 얼마 전에 읽은 책에는 일본 전역이 이미 방사능에 오염되었다고 쓰여 있었습니다. 또한 일본에 거대한 도시 직하형 지진이 일어날 것이라는 전망도 있고, 일본 전역에 피해를 입히게 될 남해 해구 지진이 발생할 거라는 전망도 있습니다. 지금 일본은 역사상 가장 큰 위기 가운데 있습니다.

소설에서 주인공 와타루 노인이 한 말이 매우 인상 깊습니다.

"일본인은 앞으로 고생하겠지. 이 네 개의 섬이 존재하는 한 지금까지는 돌아갈 집이 있었고, 고향이 있었어. 자기 자신이 그랬던 것처럼 자식에게도 자비로운 어머니가 되어 줄

나라가 있었지. 하지만 세상에는 이렇게 행복하고 따뜻한 고향을 가진 민족이 그리 많지 않아. 수천 년 동안이나 떠돌이 생활 속에서 쓴맛을 보며 고향을 잃은 채 살아가야만 했던 민족이 수없이 많다네."

와타루 노인의 말대로 세상에는 고향을 완전히 잃어버린 민족도 있습니다. 나랏말을 잃고, 고향을 잃고, 뿔뿔이 흩어져서 3천 년 동안이나 세계를 떠돈 유대인들입니다.

와타루 노인은 계속해서 말합니다.

"하지만 살아서 도망친 많은 민족은 앞으로가 시련이지. 이는 일본 민족이 어른이 될 길이자 기회야. 앞으로 일본 민족은 돌아갈 집을 잃고, 세계 곳곳에서 오랫동안 떠돌겠지. 그러는 동안 산전수전을 다 겪은 여러 민족을 만나 바깥 세상에 휩쓸리면서 민족 자체가 실질적으로 사라져 버리게 될 수도 있어. 그것도 나쁘지 않다고 생각해. 아니면 미래를 향해 진정한 의미에서 새로운 미래 세계의 '어른 민족'으로 성장하겠지. 반면에 쓰디쓴 고통에 패배해서 과거의 영광에만 매달리거나, 잃어버린 것에 대한 향수에 빠져 있거나, 내게 닥친 불행을 한탄하거나, 냉정한 세상에 불평불만을 터트리거나 저주하면서 다음 세대를 이어 가는 시시한 민족으로 전락할 수도 있어. 앞으로가 중요하지."

《일본침몰》의 저자 고마쓰 사쿄는 유대 민족의 역사를 보고 이 책을 썼다고 합니다. 구약시대에 유대 민족은 앗수르와 바벨론에 패해 포로로 끌려간 뒤 로마의 식민지로 전락해 세계 곳곳으로 흩어졌습니다. 2차 세계대전 때는 독일 나치에 의해 600만 명이 학살을 당했으나 그 이전에도 또 그 이후에도 유대인들은 많은 핍박과 학살을 당해야 했습니다. 그럼에도 유대인은 그들의 정체성을 꿋꿋이 지켰고 마침내 고국 땅인 이스라엘로 돌아갈 수 있었습니다.

유대인에 비하면 일본인은 불굴의 저항정신도 부족하고 저력도 크지 않습니다. 그래서 소설 속 와타루 노인이 일본에 시련이 있는 것도 나쁘지 않다고 한 모양입니다. 시련 뒤에 어른이 될 것을 기대한 것입니다. 이때 중요한 것은 고난의 역사를 배경으로 확립된 교육과 교양입니다.

생각하고 싶지는 않지만, 후쿠시마 원전사고와 같은 일이 일본에서 다시 일어난다면 어떻게 해야 할까요? 구약성경에서, 유대인들에게서 모든 것을 잃고도 살아갈 힘을 기르는 것을 배워야 하지 않을까요?

한때 흑인들은 세계 곳곳에 노예로 팔려 평생 주인을 모시는 종으로 살아야 했습니다. 오랫동안 인종차별 문제로 몸살을 앓던 미국에서 최초로 흑인 대통령이 탄생했습니다. 흑인들로선 그야말로 감격이 아닐 수 없었을 것입니다. 이 흑인들의 저력은 어디에 있었을까요?

흑인 영가입니다. 복음의 노래로 그들은 희망을 잃지 않을 수 있었습니다.

요단강을 건너면 약속의 땅 가나안이 있습니다. 이 땅의 삶이 죽을 만큼 힘들지라도, 온 가족이 뿔뿔이 흩어지고 말도 빼앗기고 핍박을 받을지라도 이 강을 건너면 약속의 땅 가나안이 있습니다. 우리의 미래는 하늘나라입니다. 하늘나라는 우리의 영원한 미래입니다. 그러므로 고난 가운데서 낙심되더라도 담대하게 나아가십시오. 우리는 이미 예수님

119

의 십자가로 말미암아 세상을 이겼습니다.

"유대 민족이 살아남은 비결은 교육이었다. 즉 유대인은 항상 '성경의 백성'으로서 남기를 포기하지 않았다"(오사와 다케오).

우리의 교육은 어떻습니까? 우리는 자라는 아이들에게 어떤 것을 가르치고 있습니까? 성적만 좋으면 그만인 교육을 하고 있지 않습니까? 친구들과 경쟁해서 이기라고 가르치고 있지 않습니까?

> 이스라엘아 들으라 우리 하나님 여호와는 오직 유일한 여호와이시니 너는 마음을 다하고 뜻을 다하고 힘을 다하여 네 하나님 여호와를 사랑하라(신 6:4-5)

유대인은 이 말씀을 하루에 두 번 복창합니다. 이것이 유대인의 교양입니다.

> 오늘 내가 네게 명하는 이 말씀을 너는 마음에 새기고 네 자녀에게 부지런히 가르치며 집에 앉았을 때에든지

길을 갈 때에든지 누워 있을 때에든지 일어날 때에든
지 이 말씀을 강론할 것이며 너는 또 그것을 네 손목에
매어 기호를 삼으며 네 미간에 붙여 표로 삼고 또 네
집 문설주와 바깥 문에 기록할지니라(신 6:6-9)

이스라엘을 여행하면 호텔에 수백 개의 방이 있고 그 입
구마다 이 말씀이 쓰여 있습니다. 이것이 유대인의 교양입
니다. 말씀을 마음에 새기고 부지런히 가르치고 강론하는
것이 유대인의 교양입니다.

동일본 대지진이 일어났을 때, 많은 사람들이 "신 따위는
없어!"라고 외쳤습니다. 그러나 유대인은 그보다 더한 상황
에서도 마음을 다하고 뜻을 다하고 힘을 다하여 하나님을 찾
았습니다. 그들의 자녀들은 이 가르침을 받고 자랐습니다.

신명기 5장 7-21절에는 '모세의 십계'가 기록되어 있습
니다.

1. 나 외에는 다른 신들을 네게 두지 말지니라
2. 너는 자기를 위하여 새긴 우상을 만들지 말라
3. 네 하나님 여호와의 이름을 망령되이 일컫지 말라

4. 네 하나님 여호와가 네게 명령한 대로 안식일을 지켜 거
   룩하게 하라

유대인은 떠돌이 생활 중에도, 핍박을 받아 도망치는 중
에도 일주일에 한 번은 반드시 몸과 마음을 쉬고 예배를 드
렸습니다. 안식일을 거룩하게 지키라는 계명을 지켰습니다.
유대인들은 '아침부터 밤까지 이 계명을 아이들에게 가르치
고, 어떤 일이 있어도 일주일에 한 번은 몸과 마음을 쉬고 하
나님을 예배하라'고 가르쳤습니다. 이것이 유대인의 교육입
니다.

5. 네 하나님 여호와께서 명령한 대로 네 부모를 공경하라
6. 살인하지 말지니라
7. 간음하지 말지니라
8. 도둑질하지 말지니라
9. 네 이웃에 대하여 거짓 증거하지 말지니라
10. 네 이웃의 아내를 탐내지 말지니라 네 이웃의 집이나 그
    의 밭이나 그의 남종이나 그의 여종이나 그의 소나 그의
    나귀나 네 이웃의 모든 소유를 탐내지 말지니라

네 부모를 공경하라. 쉽게 할 수 있는 일이 아닙니다. 하이델베르크 신앙문답에서는 "모든 경의와 사랑과 성실함을 보이고 적절한 순종으로 복종하라"고 되어 있습니다. 자녀교육이 민족을 존속시킵니다. 성경 교육이 민족을 존속시킵니다.

일본 국민은 언젠가부터 풍요로워졌지만 부모를 공경하라는 절대적인 하나님의 계명을 잊었습니다. "공부 안 하면 아버지처럼 될 거야"라고 말하는 교육은 교육이 아닙니다. '부모를 공경하라'는 계명은 부모의 자질과는 상관이 없습니다. 오직 하나님의 말씀이기에 지키는 것입니다. 우리는 바로 이 점을 배워야 합니다. 야베스의 기도에서는 환난을 벗어나 근심이 없게 해달라고 기도합니다. 그러나 고향을 방사능으로 잃는 것에서 끝나지 않고 일본 침몰을 체험한다 할지라도, 환난과 근심 속에서도 살아남는 저력, 하나님을 믿는 힘이 필요합니다.

하나님의 사랑이 밤을 이기게 한다

니고데모는 한밤중에 그리스도를 찾아왔습니다. 여러분도 인생의 밤이 왔을 때 예수 그리스도에게 찾아가기 바랍니다. 사방이 깜깜할수록 수고하고 무거운 짐을 그리스도에게 가져가십시오. 그런데 인생의 밤이란 무엇입니까?

첫 번째, 불안이라는 이름의 밤, 인간의 근본을 흔드는 밤입니다.

두 번째, 죄라는 이름의 밤입니다. 죄를 물리치십시오. 그런데 밤 중에서도 이 죄의 밤은 무서울 정도로 깊습니다. 21세기가 되어서도 여전히 죄를 이길 수 있는 사람도, 나라도 없습니다. 얼마나 많은 사람들이 죄에 빠져 그 삶을 망치고 있는지 모릅니다.

세 번째는 죽음이라는 이름의 밤입니다. 이 세상 어떤 것으로도 죽음을 이길 수는 없습니다. 계속해서 새로운 질병이 생겨나고 우리는 이 밤을 벗어날 수 없습니다. 그 밤을 가지고 예수님 앞으로 나아가십시오.

예수께서 대답하여 이르시되 진실로 진실로 네게 이르

노니 사람이 거듭나지 아니하면 하나님의 나라를 볼
수 없느니라(요 3:3)

요한복음 3장에서 '거듭나지 아니하면'이 8회 반복됩니
다. 전부 수동형이지요. 수동형이라는 것은 하나님의 능력
으로만 거듭날 수 있다는 의미입니다. 인간은 스스로 거듭
날 수 없습니다.

하나님이 세상을 이처럼 사랑하사 독생자를 주셨으니
이는 그를 믿는 자마다 멸망하지 않고 영생을 얻게 하
려 하심이라(요 3:16)

설마 일본이 침몰될까 하지만, 우리는 언제 어떤 일이 일
어날지 알 수 없는 불안 속에 있습니다. 그러나 주님은 우리
를 멸망시키지 않고 영생을 얻게 해주십니다. 불공평하기
짝이 없는 이 땅의 삶은 천국에 들어가기 위한 준비 기간에
지나지 않습니다.

언젠가 집회를 위해 오이타현(大分県)에 가기 위해 비행기
를 탔을 때입니다. 마침 태양이 지는 시간이어서 석양의 아

름다움을 마음껏 만끽할 수 있었습니다. 그런데 석양의 붉은 핏빛이 어느 순간 붉은 구름으로 변했을 때 저는 미우라 아야코(三浦綾子)의 《빙점》(氷点)이 떠올랐습니다. 미우라 아야코는 소설 속에서 유빙을 보러 갔을 때, 매우 드문 현상입니다만, 유빙이 갑자기 새빨간 색으로 물들면서 십자가가 보였다고 말합니다.

깜짝 놀랐습니다. 석양의 아름다움은 이전에도 여러 번 보았으나 그날 본 석양은 피의 색깔이었습니다. 그것은 주님이 주신 영감이었습니다.

'너는 지금 오이타로 향하지만 내가 일본인을 사랑하고 있다는 사실을 알고 있는가? 내가 세상을 사랑하고 있다는 사실을 알고 있는가? 모든 사람은 예수 그리스도의 피에 물들어 있다!'

우리 눈에 보이지는 않지만 모든 사람에게는 예수 그리스도의 피가 묻혀 있습니다. 위에서 보면 그리스도의 피가 묻혀 있다는 걸 알 수 있습니다. 어떤 악당이라도, 아무리 죄가 깊다 해도, 아무리 믿음이 약하더라도, 예수 그리스도께서 외면하시는 사람은 없습니다. 그리스도는 목숨을 걸고 십자가 위에서 "아버지, 저들을 사하여 주옵소서! 자기들이 하는 것을 알지 못함이니이다" 하고 기도하십니다. 그리스도는 우리를 너무나 사랑하셔서 죄가 없음에도 십자가에서 피를 흘리셨습니다.

하나님은 십자가에 자신의 독생자를 달리게 하실 만큼 이 세상을 사랑하사 모든 사람이 멸망하지 않고 구원받는 계획을 실행하셨습니다. 오늘 믿는다면 오늘 구원받을 것입니다. 자신의 죄를 인정하고, 회개합시다. 당신의 삶에 새로운 세계가 시작될 것입니다. 누구나 새롭게 태어날 수 있습니다. 주의 능력으로 거듭나게 될 것입니다.

눈앞에
부흥이!

사도행전 2:17-21

저는 마흔 살에 인도네시아의 정글에 간 적이 있습니다. 칼리만탄이라는 곳인데 옛날에는 그냥 보르네오 섬이라고 불렸습니다. 경비행기를 타고 정글로 가서 다시 보트를 타고 정글 깊숙이 들어가는 여정이었습니다. 여기에는 아미(安海) 선교사가 함께했습니다.

제가 간 때는 마침 우기라 정글의 절반가량이 물에 잠겨 있었습니다. 한눈에도 낡아빠진 보트를 타고 들어갔는데, 불행히도 도중에 보트가 고장 나서 매우 난처한 상황이 되었습니다. 엔진을 고쳐 보려 했지만 뜻대로 되지 않자 아미 선교사가 "보트 바닥을 떼어 내 노를 저어 가자"고 했습니다. 정글 한가운데서 밤을 맞으면 큰일인 터라 우리는 보트 바닥에서 떼어 낸 판자를 노 삼아 열심히 강물을 저었습니다. 한참을 노를 젓는데 선교사가 이렇게 말했습니다.

"그렇게 노만 젓지 말고 이 강에는 악어가 살고 있으니 악어가 나타나면 노로 때려 주십시오."

저는 순교가 두렵진 않았으나 악어에게 잡아먹혀 목숨을 잃고 싶지는 않았습니다. 그래서 열심히 강바닥을 노려보며 노를 저었습니다. 그런데 잠시 후 선교사가 또 이렇게 말했습니다.

"그런데 악어뿐이 아니에요. 위에서 큰 뱀이 내려올 수도 있으니 뱀도 조심하세요."

정말이지 한순간도 마음을 놓을 수 없는 상황이었습니다. 그런데 얼마 후 아미 선교사가 얼굴이 파랗게 질려서 "똘롱!" 하고 외쳤습니다. 저는 그 말이 무슨 의미인지도 모른 채 그를 따라 "똘롱! 똘롱!" 하고 외쳤습니다. 짐작으로 '도와달라'일 것 같았습니다.

한 시간 정도 외쳤을까요? 한 청년이 카누를 타고 왔습니다. 이쯤이면 우리 일행이 도착할 때가 되었다 싶어서 미리 마중 나온 청년이었습니다. 하지만 청년을 만난 뒤로도 산을 두 개나 넘고서야 겨우 도착했습니다. 그날 밤에는 전갈이 나타나 한바탕 소동이 일어나기도 했습니다. 더구나 저는 거기서 말라리아에 걸려 죽을 뻔하기도 했습니다.

제가 짐작한 대로 '똘롱'은 '도와달라'는 의미였습니다. 그날 저는 '도와달라'고 외치면 하나님께서는 언제든지 도와주신다는 것을 깨닫게 되었습니다.

기도하는 자에게 나타나는 성령의 역사

초대교회는 예수님이 부활하셨을 때 뭐라 표현할 수 없을 만큼 큰 기쁨을 맛보았습니다. 예수님은 부활 승천하시면서 제자들에게 예루살렘을 떠나지 말고 성령이 올 때까지 기다리라고 당부하셨습니다. 그리고 마가의 다락방에서 제자들을 비롯해 120명의 문도가 마음을 다해 기도했을 때, 놀라운 성령 강림의 역사가 일어났습니다.

한편, 마태복음에는 "막달라 마리아와 다른 마리아가 무덤을 향하여 앉았더라"(마 27:61)라는 기록이 있습니다. 주어는 막달라 마리아와 다른 마리아로 복수이지만 '앉다'란 단어는 단수 동사입니다. 예수님은 두 사람이 마음을 모아 기도하면 그 기도를 듣겠다고 하셨습니다. 두 사람 이상이 모여 기도하면 무덤이 움직이고, 죽음의 세계가 움직입니다. 실제로 큰 지진이 일어나 무덤 문이 열렸습니다.

일본은 선교사의 무덤이라는 말을 듣고 있습니다. 그러나 우리가 마음을 다해 기도하면 일본이라는 무덤도 열릴 것입니다.

초대교회는 기도하는 중에 일어나는 놀라운 경험을 많이 했기 때문에 베드로와 요한은 바쁜 중에도 기도 시간이 되면 교회로 향했습니다(행 3:1). 바쁜 일상 중에도 기도 시간을 따로 두어 기도하기를 힘쓰기 바랍니다.

사도행전 4장 30-31절에는 "손을 내밀어 병을 낫게 하시옵고 표적과 기사가 거룩한 종 예수의 이름으로 이루어지게 하옵소서" 하고 기도하자 땅이 진동하더니 무리가 다 성령 충만하게 되었다고 했습니다.

사도행전 12장에서는 베드로가 감옥에 갇히자 군인 넷씩 네 패가 그를 감시했다는 기록이 나옵니다. 이때 교회가 갇힌 베드로를 위해 '간절히' 기도했습니다. 여기서 '간절히'라는 단어는 겟세마네 동산에서 예수 그리스도가 땀방울이 핏방울이 되도록 '간절히' 기도했다는 단어와 같습니다. 그렇게 간절히 기도하자 주의 사자가 결박된 베드로를 풀어 감옥 밖으로 데리고 나왔습니다. 첫째와 둘째 파수를 지나 시내로 통하는 쇠문에까지 이르자 쇠문이 저절로 열렸습니다.

우리가 기도하면 첫째와 둘째 파수 정도는 쉽게 지날 수 있습니다. 그러나 쇠문을 열려면 그보다 훨씬 뜨거운 기도가 필요합니다. 땀방울이 핏방울이 되도록 드리는 뜨거운 기도가 쇠문을 열어젖힙니다.

사도행전 16장에서는 바울이 실라와 함께 제2차 전도여행을 하던 중 옥에 갇힌 사건이 기록되어 있습니다. 그런데 바울과 실라는 채찍에 맞아 지친 몸으로 한밤중이 되도록 기도하고 찬양했다고 성경은 말하고 있습니다. 그러자 지진이 나서 옥 터가 움직이고 문이 열리고 그들을 묶고 있던 결박이 풀어졌습니다.

바울은 제자들처럼 예수님의 산상설교를 듣지도 못했습니다. 막달라 마리아와 다른 마리아처럼 무덤 앞에 앉아 기도하지도 않았습니다. 예수님의 부활도 보지 못했고 승천도 보지 못했으며 마가의 다락방에서 일어난 성령 강림의 역사도 알지 못했습니다. 사도행전 1장부터 계속된 성령의 역사를 바울은 경험하지 못했습니다.

그러나 사도행전 16장에 이르러 마침내 바울은 성령의 역사를 경험하게 되었습니다.

바울이 다메섹 도상에서 예수님을 만난 뒤 누구보다 열심히 복음을 전하는 자가 되었지만, 그에게는 한 가지 핸디캡이 있었습니다. 제자들에게 부여된 사도직이었습니다. 사람들은 끊임없이 바울이 열두 제자 중 한 사람이 아니라는 이유로 그의 사도직에 의문을 제기했습니다. 바울은 이에 대해 이렇게 설명했습니다.

> 사람들에게서 난 것도 아니요 사람으로 말미암은 것도 아니요 오직 예수 그리스도와 그를 죽은 자 가운데서 살리신 하나님 아버지로 말미암아 사도 된 바울은(갈 1:1)

그러나 바울의 사도직 논쟁은 이후로도 그를 괴롭힌 문제였습니다. 그랬기에 기도와 찬양으로 옥문이 열리는 사도행전 16장의 기적은 바울에게 특별한 경험이었습니다.

　　저는 예전에 매튜 바니(Matthew Barney) 목사를 보면서 성령 세례를 동경했습니다. 그분에게는 내가 갖고 있지 않은 특별함이 있었습니다. 한번은 도바(鳥羽) 성령 집회에 가서 옆 사람에게 "어째서 은혜의 자리를 열어 성령님을 받아들이고 싶은 사람, 방언을 경험하고 싶은 사람은 앞으로 나오라고 말하지 않습니까?" 하고 질문했습니다. 지금 생각하면 참으로 어리석은 질문이었습니다. 그곳은 성령 집회였기 때문에 성령님을 경험하지 않은 사람은 단 한 사람도 없었던 것입니다. 그런데 내 얘기를 듣기라도 한 것처럼 다음 집회에서 은혜의 자리가 열렸습니다. 집회의 인도자가 성령님을 경험하고 싶은 사람은 앞으로 나오라고 한 것입니다. 부리나케 걸어 나가는데 저 말고는 아무도 없었습니다. 하지만 전혀 부끄럽지 않았습니다. 그만큼 성령님을 경험하고 싶었습니다.

　　인도자는 두 손을 들라고도 하고, 가슴을 두드리는가 하면 할렐루야라고 크게 외치기도 했습니다. 성령님을 경험하는 데는 여러 가지 방법이 있구나 하고 생각하며 시키는 대로 따라 했으나 그날 저는 성령님을 경험하지 못했습니다. 하지만 저는 성령님을 경험하고 싶다는 소망을 포기하지 않았습니다. 그러다 어떤 분을 통해 성령님을 체험할 수 있었습니다. 정말 기뻤습니다.

바울은 눈에 비늘이 벗겨지면서 회심하여 전도자의 삶을 살기로 했으나 당시 교회로부터 환영을 받지는 못했습니다. 바울의 회심이 진짜인지 가짜인지 의심스러웠기 때문입니다. 그러나 바울은 그 누구보다 위대한 사도로서 하나님의 역사를 이룬 사람이었습니다.

앞으로 일본 전역이 성령으로 뒤덮일 텐데, 그때 바울과 같은 사람이 우리 안에 들어오고자 할 때 배척하는 우를 범하지 말아야 할 것입니다. 우리는 다만 앞으로 더 많은 사람들이 성령 세례를 받고 하나님의 제자로 살아갈 것을 기대하며 힘써 기도해야 할 것입니다.

언젠가 라인하르트 본케(Reinhard Bonnke) 목사가 이런 말을 했습니다.

"저는 지옥의 인구를 줄이기 위해 노력하고 있습니다. 사탄의 노예가 '어떠냐, 지옥의 인구가 더 많지 않은가!' 하며 잘난 척하지 못하도록 말입니다."

  지옥의 인구가 더 많다니요! 절대로 있을 수 없는 일입니다. 성경은 이렇게 말하고 있습니다.

  하나님이 세상을 이처럼 사랑하사 독생자를 주셨으니 이는 그를 믿는 자마다 멸망하지 않고 영생을 얻게 하려 하심이라(요 3:16)

  하나님은 모든 사람이 구원을 받으며 진리를 아는 데에 이르기를 원하시느니라(딤전 2:4)

  주의 약속은 어떤 이들이 더디다고 생각하는 것같이 더딘 것이 아니라 오직 주께서는 너희를 대하여 오래 참으사 아무도 멸망하지 아니하고 다 회개하기에 이르기를 원하시느니라(벧후 3:9)

너머의 빛을 보라

사도행전 2장에는 성령의 역사가 일어난 뒤 베드로가 설교하는 장면이 나옵니다. 베드로는 "우리는 너희 생각처럼 취한 것이 아니다"(행 2:15)면서 먼저 요엘서를 인용합니다.

> 하나님이 말씀하시기를 말세에 내가 내 영을 모든 육체에 부어 주리니 너희의 자녀들은 예언할 것이요 너희의 젊은이들은 환상을 보고 너희의 늙은이들은 꿈을 꾸리라(행 2:17)

베드로는 그런 다음 2장 25절에서 시편 16편 8절을 인용합니다.

> 내가 항상 내 앞에 계신 주를 뵈었음이여 나로 요동하지 않게 하기 위하여 그가 내 우편에 계시도다(행 2:25)

> 내가 여호와를 항상 내 앞에 모심이여 그가 나의 오른쪽에 계시므로 내가 흔들리지 아니하리로다(시 16:8)

시편 기자는 "내가 여호와를 항상 내 앞에 모심이여", 즉 '모셨다'고 했지만, 베드로는 '내 앞에 계신 주를 뵈었다'고 했습니다. 눈앞에 주님이 계신 것입니다.

양은 눈이 어두워서 목자가 눈앞에 있어야 합니다. 우리에게도 예수님이 눈앞에 있어야 합니다. 예수님과의 거리가 멀면 예수님을 느낄 수 없습니다. 우리는 그런 존재입니다. 눈앞에 예수님이 계실 만큼 그 거리가 아주 가까워야 합니다. 그래야 "여호와는 나의 목자시니 내게 부족함이 없으리로다"라고 노래할 수 있습니다.

'뵈었다'라는 단어는 '통과해서 보다, 앞을 내다보다'라는 의미입니다. 아마도 소년 다윗은 골리앗 앞에 섰을 때 자신이 뱀에 물린 개구리처럼 느껴졌겠지만 그 너머로 주가 보였을 것입니다.

초대교회에는 수많은 문제가 있었습니다. 우리 인생에도 수많은 문제가 찾아옵니다. 그러나 아무리 위협적인 골리앗이라도 그 너머에 계시는 주님을 본다면 문제없습니다. 주님을 뵙는 것이 우리가 승리하는 비결입니다.

초등학교 6학년 때 저는 반에서 유일하게 교토로 떠나는 수학여행을 가지 못했습니다. 돈이 없어서였습니다. 너무 속상해서 어머니께 해서는 안 될 말까지 퍼부으며 반항했습니다.

"이게 뭐야! 이렇게 가난한 목사의 아들로 태어나다니, 정말 싫어!"

그때 어머니는 제게 이렇게 말씀하셨습니다.

"그게 무슨 소리야! 나중에 너는 성경을 들고 세계 곳곳을 다니며 설교하는 사람이 될 거야! 교토 정도는 얼마든지 갈 수 있을 테니 그만하렴!"

어린 저는 가난해서 친구들과 같이 수학여행을 가지 못한다는 사실에 좌절했지만, 어머니는 그 뒤에 계시는 주님을 바라보았던 것입니다. 어머니의 말대로 저는 성경을 들고 말씀을 전하는 사람이 되었습니다. 더구나 저는 지금 교토에 있습니다.

도쿄신학대학(東京神學大學)의 오오키 히데오(大木英夫) 교수는 "예수는 이사야서 53장을 의식적으로 바로잡은 분"이라고 했습니다.

> 그가 자기 영혼의 수고한 것을 보고 만족하게 여길 것
> 이라 나의 의로운 종이 자기 지식으로 많은 사람을
> 의롭게 하며 또 그들의 죄악을 친히 담당하리로다(사
> 53:11)

예수님은 채찍에 맞고 십자가에 달려 피를 흘리는 고난
중에도 고난 너머에 있는 빛을 보시고 만족하셨습니다. 영
어성경(KJV)은 '해산의 고통'(travail)이라고 표현했습니다. 예
수님은 해산의 고통 너머로 빛을 보고 만족하셨습니다. 예수
그리스도의 십자가를 통해 세계에 구원의 부흥이 일어나고
성도들이 성령이 충만한 것을 보고 만족하셨던 것입니다.

예수님은 고난 너머로 빛을 보시고 만족하셨습니다. 어떤
빛입니까?

그것은 모든 사람이 그리스도의 피로 덮인 빛입니다. 인
구의 99퍼센트가 예수님을 믿지 않는 일본 땅에도 그리스도
의 붉은 피가 덮여 있습니다. 어느 누구도 이 사랑의 붉은 피
로 덮이지 않은 사람은 없습니다.

캠벨 몰간(Campbell Morgan)이 그의 책《The Crises of the Christ》에서 마태복음 4장에서 예수님이 사탄에게 시험당하는 장면을 두고 한 말이 매우 인상 깊습니다. 설명하자면, 사탄이 예수님에게 "만일 내게 엎드려 경배하면 이 모든 것을 네게 주리라"고 말하자, 예수님은 "사탄아 물러가라 기록되었으되 주 너의 하나님께 경배하고 다만 그를 섬기라 하였느니라" 하며 사탄의 유혹을 물리치셨습니다. 이에 대해 캠벨 몰간은 "당시 세상의 모든 것이라 해봤자 별 볼일 없었을 것이다. 그리고 만일 예수님이 그러려고 마음먹었다면 놀랍게 발전한 21세기의 세계를 보셨을 것이다"고 말했습니다. 예수님이 고난 너머로 빛을 보고 만족하셨을 때 21세기에 일어날 부흥도 보셨을 것입니다. 그토록 오래 참으시고 인내하시는 주님을 찬양합니다.

베드로가 성령 세례를 받은 후 말씀을 전하자 3천 명이 구원을 받았다고 사도행전은 전하고 있습니다. 베드로의 설교를 듣고 많은 사람들이 "형제들아, 우리가 어찌할꼬?" 하고 물었을 때, 베드로는 "너희가 회개하여 각각 예수 그리스도의 이름으로 세례를 받고 죄 사함을 받으라 그리하면 성령의 선물을 받으리라"고 말했습니다.

2009년 일본 개신교 탄생 150주년을 맞아 자유주의 그룹과 복음파와 성령파가 하나되는 집회를 개최했습니다. 놀라운 기적이었습니다. 신학적인 난제는 아직 많이 남아 있지만, 일본에서 개신교는 가톨릭교회와 협력하는 관계가 되었습니다. 마더 테레사 수녀 덕분이고, 와타나베 가즈코(渡辺和子, 일본 학교법인 노틀담 세신학원의 이사장, 수녀) 선생 덕분이고, 콜베(Maksymilian Kolbe, 제2차세계대전 중 유대인을 도왔다는 이유로 처형당함) 신부 덕분입니다.

지난날 교토에서 수많은 그리스도인들이 순교를 당했습니다. 26명의 성인이 나가사키까지 끌려가는 일을 당했음에도, 우리는 교토에서 가톨릭교회와 정교회를 냉대하고 정죄했습니다. 이것을 교회가 회개하기를 원합니다. 또 과거 아시아 각국에 식민지를 만들어 그들에게 피해를 입힌 사실에 대해 일본은 사과하고 회개해야 합니다. 일본이, 교회가 예수 그리스도 앞에서 죄 사함을 받고 성령의 울타리 안에서 하나가 되어 앞으로 나아가기를 원합니다.

약속받은
영원한 삶

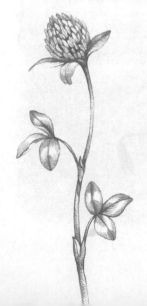

요한복음 3:16

지난주 저는 두 가지 충격적인 경험을 했습니다. 하나는 이름만 대면 누구나 다 아는 유명한 학교의 교사에 관한 일입니다. 그가 제게 엽서를 보냈는데, 부친이 세상을 떠나 신년 인사는 삼간다는 내용이 적혀 있었습니다. 그러면서 그는 "제 부친은 천 개의 바람이 되어 지금 우리를 지켜보고 계실 겁니다"라고 말했습니다.

　그는 성경을 읽고 예배를 드리는 미션스쿨의 교사입니다. 그런 학교의 교사가 '천 개의 바람이 되어'라고 말하다니요.

저는 정말 놀랐습니다. '천 개의 바람이 되어'라는 노래가 유행하니 모두 그럴듯하다는 생각에 따라 하는 모양인데 그것은 진리가 아닙니다.

또 하나는 아사히신문 토요일판에 '102세, 있는 그대로'라는 에세이를 쓰고 있는 분에 관한 것입니다. 그는 102세를 기념하여 음악극 〈낙엽의 계절 프레디〉를 긴자에서 상연하고 강연회를 개최했다고 전했습니다. 저는 목사로서 실례가 되는 말은 하고 싶지 않지만 말하지 않으면 하나님께 꾸중을 들을 것 같아 솔직히 제 생각을 말해야겠습니다. 그의 에세이 일부를 옮겨 보겠습니다.

"계절은 봄, 단풍나무에는 새싹이 돋습니다. 마지막에 태어난 것은 작은 잎사귀인 프레디입니다. 형인 다니엘은 '우리 잎사귀들은 봄에 태어나 여름에 짙은 녹색으로 자라고, 휴식을 찾아 숲을 찾은 마을 사람들에게 그늘을 만들어 줘. 그리고 가을에는 아름다운 단풍이 되어 마을 사람들의 눈을 즐겁게 해주지' 하고 프레디에게 잎사귀의 삶에 대해 가르쳐 줍니다. 즐거운 일만 있는 것은 아닙니다. 여름철에 프레디 형제들의 나무 아래로 비를 피하며 걷던 노부인은 병으로 쓰러져 가을에 세상을 떠났습니다.

가을이 끝날 무렵 프레디의 친구들인 잎사귀들도 하나
둘 떨어져 버렸습니다. 프레디가 말합니다.

'떨어진다는 건 죽는다는 뜻이야. 나는 무서워.'

그러나 다니엘은 '누구나 떨어질 때가 있단다'라고 말하
고는 자기도 떨어져 버렸습니다. 남겨진 프레디는 어떻게
떨어질까요? 어디로 떨어져 가는 걸까요?

마지막에 저는 무대에서 다음과 같은 시를 낭독합니다(제
가 지은 시입니다).

'지금 때가 되어 작은 생명은 바람에 흔들리고 하늘로 날
아올라 대지의 어머니에게로 돌아간다. 살아 있는 것, 모든
생명은 부드럽게 감싸여 커다란 생명으로 돌아간다. 영원
히, 멈추지 않고, 생명은 돌고 돈다. 생명은 돌고 돈다. 새로
운 생명을 키우며, 생명은 돌고 돈다.'"

성경은 사람은 죽어 '천 개의 바람'이 된다고 말하지 않습

니다. 또 '생명은 돌고 돈다'고 하지 않습니다.

> 한번 죽는 것은 사람에게 정해진 것이요 그 후에는 심
> 판이 있으리니(히 9:27)

성경은 누구나 한 번 죽고 그 후에는 심판이 있다고 가르칩니다. 이것이 사람에게 정해진 바요, 진리입니다. 우리는 모두 하나님 앞에서 심판을 받습니다. 우리는 이것을 믿습니다.

> 죄의 삯은 사망이요 하나님의 은사는 그리스도 예수
> 우리 주 안에 있는 영생이니라(롬 6:23)

죄의 대가는 죽음이므로 사람은 누구나 죽을 수밖에 없습니다. 그러나 감사하게도 하나님은 주 예수 그리스도로 말미암은 영원한 생명을 우리에게 선물로 주셨습니다. 하나님의 지극한 사랑이며 은혜입니다.

예수님은 이 땅에 오셔서 "회개하고 복음을 믿으라"고 말씀하셨습니다. 복음은 '기쁜 소식', '가스펠', 'Good News'입

니다. 어떤 뉴스인가요? 사람은 죄로 인해 지옥에 떨어질 수밖에 없는 존재이지만, 이 존재를 구원하기 위해 예수 그리스도가 육신이 되어 세상에 왔다는 소식입니다. 그리고 예수님은 십자가에 달려 죽으심으로 우리가 지은 죄에 대해 대가를 치르셨습니다. 이로써 우리가 구원받을 길을 열어 놓으셨습니다. 이것이 복음입니다.

> 하나님이 세상을 이처럼 사랑하사 독생자를 주셨으니 이는 그를 믿는 자마다 멸망하지 않고 영생을 얻게 하려 하심이라(요 3:16)

예수 그리스도를 십자가에 내어 줄 만큼 하나님은 이 땅을, 우리를 사랑하십니다. 독생자 예수 그리스도를 믿는 자는 한 사람도 멸망하지 않을 것이라고 약속하셨습니다.

혹시 믿음을 가지면 열심히 선한 일을 해야 하고, 시험에도 합격하고, 인생이 망하지 않는다고 생각합니까? 아닙니다. 기독교는 그렇게 말하지 않습니다. 우리는 죽으면 천 개의 바람이 된다는, 그런 말을 입에 담아서는 안 됩니다. 하나님께서 슬퍼하십니다. 예수 그리스도의 십자가에 어떤 의미가 있는지 알아야 합니다. 우리의 삶 속에서 중요한 것은 죽어서 하나님 앞에 섰을 때, 예수 그리스도를 믿는 사람은 그 믿음으로 말미암아 당당하게 심판대 위에 설 수 있다는 사실입니다. 삶과 죽음이 반복된다는 윤회 사상, 전생 따위는 존재하지 않습니다.

가난한 집안에서 태어나서 불행합니까? 부모의 나쁜 머리를 닮은 것이 원망스럽습니까? 일본인인 것이 못마땅합니까? 그러나 이 땅은 영원한 삶을 준비하는 곳일 뿐입니다.

지난주에는 70세와 95세의 할아버지가 세상을 등졌습니다. 95세까지 살아서 행복하고 70세에 세상을 떠나서 불행할까요? 그렇지 않습니다. 우리는 영원한 생명을 약속받았습니다. 언제까지 사는 겁니까? 영원히입니다!

누구든지 예수 그리스도를 믿으면 모든 죄를 용서받습니다. 이렇게 고마운 일이 어디 있습니까? 그리고 하나님의 자녀가 되어 영원한 생명을 약속받습니다. 이는 그리스도가 목숨을 걸고 하신 약속입니다.

천국은 어떤 곳입니까? 질병 따위가 없는 곳입니다. 죽음도 없습니다. 폭력도 없고, 못된 공격도 없고, 가난도 없습니다. 사람들이 서로 시기 질투하는 일도 없습니다. 다른 사람을 정죄할 필요도 없습니다. 죽음도 없고, 밤도 없습니다. 하나님이 인간을 창조하셨을 때의 가장 뛰어난 모습으로 하나님을 찬양하는 삶이 영원히 이어집니다.

여러분은 죽으면 어디로 갑니까? 저는 확실하게 대답할 수 있습니다. 오늘 당장 심장이 멎어서 죽을지라도 영원한 나라 천국에 갈 것입니다.

우리는 대체 어떤 존재입니까? 어디를 봐서 귀한 존재라고 하는 겁니까?

우리는 죄인일 뿐이지만 하나님이 창조하신 작품이라서 귀합니다. 그러므로 소망하십시오. 영원한 나라에서 하나님 품에 안겨서 하나님의 형상을 따라 지음 받은 모습으로 살아갈 것을 기대하십시오.

웃음을
사는 집에는
복(복음)이 온다!

요한복음 14:12-16

제가 매우 존경하는 가톨릭 작가 중에 소노 아야코(曽野綾子)라는 분이 있습니다. 미우라 슈몬(三浦朱門)이 그의 아버지로, 도쿄대학 문학부를 졸업하고 문화청 장관을 지내신 분입니다. 그의 책《노인의 품격》(老人の品格)에는 그의 친구인 무라마쓰 다케시(村松剛)에 대해 묘사한 글이 있습니다. 무라마쓰 다케시는 대학 교수인데 하도 덜렁대서 부인의 도움이 절대적으로 필요한 사람이었습니다. 어느 날 출근 준비를 하던 중 출판사에서 전화가 와서 얘기가 길어졌습니다. 그러자 옆에서 그를 거들던 부인이 잠시 자리를 비운 사이 다케시는 집을 나섰습니다. 버스 정류장까지 걸어가는데 사람들이 그를 자꾸 흘끔흘끔 쳐다보았습니다. 이상하다 여겼지만 무시하고 마침내 버스가 도착해 올라타려는 순간, 그는 자신이 바지를 입지 않은 맨다리라는 사실을 알았습니다. 와이셔츠를 입고, 넥타이를 매고, 양복 단추까지 꼼꼼히 채웠는데 바지를 입지 않은 것입니다, 사람들이 그런 그를 보고 얼마나 웃었을까요?

우리 교회에도 건망증이 심한 분들이 많습니다. 안경을 쓴 채로 안경을 찾거나, 약을 먹었는지 안 먹었는지 잊어버려서 난처해하거나, 자리에서 일어서긴 했는데 왜 일어섰는지 잊어버려서 다시 앉는 분도 있습니다. 비가 올 때마다 우산을 잃어버리는 분도 있고, 주일인 줄 알고 평일에 예배드리러 오는 분도 있습니다.

그런데 가장 큰 문제는 목사가 뼈를 깎으며 준비한 설교를 금방 잊어버리는 분들이 많다는 사실입니다. 정말 걱정이 아닐 수 없습니다. 하기야 말씀을 전하는 목사도 금방 잊어버리니 누구를 원망할 처지가 못 됩니다.

제가 아는 시골의 젊은 전도자가 어느 해 크리스마스에

가톨릭교회에 가서 신부님의 설교를 들었다고 합니다. 예배가 끝난 뒤 신부님에게 다가가 이렇게 물었습니다.

"신부님은 설교를 아주 잘하시는군요. 설교 준비는 어떻게 하십니까?"

그때 신부의 대답이 정말 놀랍습니다.

"저는 따로 준비하지 않습니다. 생각나는 대로 이야기합니다."

생각나는 대로, 마음이 가는 대로 메시지를 전하다니 저로서는 평생이 걸려도 할 수 없는 일입니다. 매번 준비하며 기도하고, 기도하며 설교를 준비하는 저로선 도저히 따라갈 수 없는 내공입니다.

성령님은 누구인가?

"웃음이 있는 집에는 행복이 온다"는 격언이 있습니다. 저는 이 장의 제목을 '웃음을 사는 집에는 복이 온다'고 했는데 무슨 뜻일까요?

여기서 복은 '복음'입니다. 하나님의 은혜를 말합니다. 믿음으로 인해 웃음을 산다는 의미입니다. 믿는다는 이유로 "쳇, 약한 사람이나 믿음을 갖는 거야", "한가한 사람이나 교회에 가는 거지" 하는 비웃음을 산다는 뜻입니다. 그러나 사람들이 비웃게 내버려두십시오.

> 내가 진실로 진실로 너희에게 이르노니 나를 믿는 자는 내가 하는 일을 그도 할 것이요 또한 그보다 큰 일도 하리니 이는 내가 아버지께로 감이라 너희가 내 이름으로 무엇을 구하든지 내가 행하리니 이는 아버지로 하여금 아들로 말미암아 영광을 받으시게 하려 함이라 내 이름으로 무엇이든지 내게 구하면 내가 행하리라(요 14:12-14)

"내 이름으로 무엇이든지 내게 구하면 내가 행하리라"의 헬라어 원문은 "만약 너희가 내 이름으로 내게 무엇인가를 구한다면 내가 행하리라"입니다. 깜짝 놀랄 만한 말씀입니다. '나'는 헬라어로 '에고'입니다. 이기적이라는 뜻의 '에고'와 같은 단어이지요. 이 한 구절에서 '에고'가 세 번이나 나옵니다. 꽤 강조하고 있다고 볼 수 있습니다. 영어성경(KJV)은 다음과 같이 번역했습니다.

If ye shall ask any thing in my name, I will do it.

마지막의 'I will do it'은 기억하기 쉬운 영어입니다. '내가 그것을 하겠다'입니다. 이 'I will do it'을 기억해 두면 신앙생활에 큰 힘이 될 것입니다.

마태복음 5-7장의 산상수훈은 예수님이 세례를 받으신 뒤 처음으로 설교한 내용입니다. 톨스토이가 가장 좋아한 말씀으로, 그의 책을 보면 그가 얼마나 이 산상수훈에 영향을 받았는지를 알 수 있습니다. 반면에 요한복음 14-15장은 예수님이 십자가에 달리시기 전에 하신 설교입니다. 돌아가시기 전에 하신 말씀이니만큼 무게감이 느껴지는 말씀입니다.

> 너희는 마음에 근심하지 말라 하나님을 믿으니 또 나
> 를 믿으라(요 14:1)

예수님은 이제 더 이상 이 땅에서 제자들과 함께하실 수 없습니다. 예수님이 떠나가신 뒤 남게 될 제자들의 불안과 두려움을 아시므로 한 사람 한 사람 돌아보며 '근심하지 말라. 평안하라'고 위로하십니다.

> 내가 아버지께 구하겠으니 그가 또 다른 보혜사를 너
> 희에게 주사 영원토록 너희와 함께 있게 하리니(요
> 14:16)

많은 그리스도인들이 예수님은 알지만 보혜사 성령님은 잘 알지 못합니다. 성령님은 예수님과 같이 인격을 가지신 분입니다. 눈에 보이지는 않지만 닿으려고 하면 닿을 수 있는 우리들 마음속에 계시는 분이지요. 예수님은 성령 하나님을 '보혜사'라는 멋진 표현으로 소개하십니다. 성령님은 예수 그리스도가 우리와 함께하심을 알 수 있도록 돕는 분입니다. 그러니 근심하지 말라고, 평안하라고 하십니다.

내가 진실로 진실로 너희에게 이르노니 나를 믿는 자
는 내가 하는 일을 그도 할 것이요 또한 그보다 큰일도
하리니 이는 내가 아버지께로 감이라 (요 14:12)

　'진실로 진실로'는 헬라어로 '아멘, 아멘'입니다. '정말입니
다, 정말입니다', '확실합니다, 확실합니다', '참입니다, 참입
니다'라는 뜻입니다. 그런데 그다음 말씀이 참으로 놀랍습니
다. 예수의 이름으로 주의 일을 하면 예수님이 한 일을 우리
도 할 수 있다고 말씀하신 것입니다. 더구나 그보다 더 큰일
도 할 수 있다고 하십니다. 어떻게 그럴 수 있습니까?
　바로 성령 하나님이 도우시므로 그럴 수 있다는 것입니
다. 그런데 과연 그렇습니다. 2천여 년 전 예루살렘의 작은
마을에서 시작된 이 복음이 지금은 전 세계 곳곳으로 퍼져
나가 아시아의 끝이라 할 수 있는 일본에까지 전해졌습니
다. 이것이 바로 성령님이 하신 일입니다.

구원받은 그리스도인의 특권

그리스도인의 삶은 세상 사람들에게는 웃음을 살 때가 있습니다. 그러나 우리는 하나님께 축복받은 삶을 삽니다. 어떤 축복을 받습니까?

첫째는, 구원의 은혜입니다. 인류 최대의 복음은 구원입니다. 가끔 "제 남편은 아직 구원을 받지 못했어요" 하는 말을 듣습니다. 과연 구원이란 무엇입니까? 잠깐 병에 걸렸다가 낫는 것일까요? 그렇지 않습니다. 구원이란, 예수 그리스도가 우리 죄를 대신하여 십자가에 달려 죽으셨음을 믿고 자신이 죄인임을 인정하여 회개하는 것입니다. 우리는 십자가에 달리신 예수님으로 인해 우리에게 구원의 길이 열렸음을 믿음으로써 구원을 받습니다.

저는 열세 살이 되던 해 11월 6일에 제가 죄인임을 인정하고 예수님을 믿음으로 구원을 얻게 되었습니다. 그날 저는 새롭게 태어났습니다. 이전까지 저는 가난한 환경에 불평했고 공부해야 하는 뚜렷한 목적도 없이 학교 다니고 숙제하고 공부하고 그랬습니다. 그러나 그날 이후 지금까지 50여 년 동안 제 삶은 행복했습니다. 고난이나 실패가 없었다는 의미가 아니라 그것마저 의미 있는 삶을 살았다는 뜻입니다. 이것이 구원받은 사람의 삶입니다. 언제 심장이 멈추더라도 하나님 나라의 시민권이 있으니 어떻게 행복하지 않을 수 있겠습니까?

어떤 분이 세례식이 있던 날 제게 "목사님, 잘 부탁드려요. 전 아무것도 몰라요"라고 말했습니다. 물론 겸손의 말이 겠지만 사실 몰라선 곤란합니다. 세례를 받기 전에 교육을 받아서 세례의 의미를 알고 기대해야 합니다. 그날 저는 그분에게 이렇게 말했습니다.

"잘 몰라도 괜찮습니다. 그러나 조건이 하나 있습니다. 예수님에게서 눈을 떼면 안 됩니다. 예수님의 사랑의 품에 안겨 있으면 됩니다. 그러면 됩니다."

나는 포도나무요 너희는 가지라 그가 내 안에, 내가 그 안에 거하면 사람이 열매를 많이 맺나니 나를 떠나서는 너희가 아무것도 할 수 없음이라 … 아버지께서 나를 사랑하신 것같이 나도 너희를 사랑하였으니 나의 사랑 안에 거하라(요 15:5, 9)

'안에 거하라'의 헬라어는 '메노'로 '머물러라, 연결되어 있어라'는 뜻입니다. 예수님 안에 있으면, 그에게서 눈을 떼지 않으면 안심할 수 있습니다. 우리는 그리스도의 넓은 품 안에서 쉼을 얻고 안심하는 존재입니다. 아무것도 몰라도 예수님은 이해하십니다. 예수님은 십자가에 달려서 "아버지 저들을 사하여 주옵소서 자기들이 하는 것을 알지 못함이니이다"라고 기도하셨습니다. 예수님은 십자가의 의미를 아는 사람도 있다고 하시지 않았습니다. 아무도 알지 못한다고 하셨습니다. 우리는 아는 것보다 모르는 것이 더 많은 사람들입니다. 이 사실을 받아들여야 합니다.

그러나 귀신들이 너희에게 항복하는 것으로 기뻐하지 말고 너희 이름이 하늘에 기록된 것으로 기뻐하라 하시니라 그때에 예수께서 성령으로 기뻐하시며 이르시되 천지의 주재이신 아버지여 이것을 지혜롭고 슬기 있는 자들에게는 숨기시고 어린 아이들에게는 나타내심을 감사하나이다 옳소이다 이렇게 된 것이 아버지의 뜻이니이다(눅 10:20-21)

흔히 어려서 잘 모른다고 생각하겠지만 어려서 아는 세계가 있습니다. 어른이 되면 하나님의 세계를 더 잘 알 것 같지만 오히려 그렇지 않을 수 있습니다. 마음이 혼탁해지면 알던 것도 더 모르게 됩니다. 어른이 되어 아는 것도 있지만 모르는 것은 여전히 모릅니다.

니고데모라는 대학자는 예수님이 "사람이 거듭나지 아니하면 하나님의 나라를 볼 수 없느니라"고 말씀하시자 엉뚱하게도 "사람이 두 번째 모태에 들어갔다가 날 수 있사옵나이까?" 하고 물었습니다. 그때 예수님은 "너는 이스라엘의 선생으로서 이러한 것들을 알지 못하느냐"고 꾸중하셨습니다. 지식이 많아도 말씀을 신실하게 지켜도 니고데모처럼 모르는 것은 여전히 모릅니다. 예수님은 우리가 어린아이처럼 되지 못하면 천국에 들어갈 수 없다고 하셨습니다. 그러므로 말씀을 모르는 것은 괜찮으나 마음이 혼탁해져선 안 됩니다. 마음을 지키는 것이 가장 중요합니다.

둘째는 성령의 은혜입니다. 일본 교회의 절반이 넘는 성도들이 성령 세례를 받지 못했습니다. 놀랄 일이 아닙니까? 성령 세례를 받으면 삶에서 성령의 열매가 나타납니다. 성령의 열매는 사랑과 기쁨, 화평입니다. 모두 성령의 역사로

맺어진 열매들입니다.

가까운 미래에 도쿄에 직하형 거대 지진이 일어날지도 모른다고 합니다. 무서운 일입니다. 일본 전체가 남해 해구에 속해 있어서 어디로 도망 갈 데도 없습니다. 각오하는 수밖에요. 하지만 저는 재난으로부터 피할 수 있도록 계속 기도하고 있습니다. 기적을 체험하게 해달라고 열심히 기도하고 있습니다. 여러분도 함께 기도해 주십시오.

재난이 일어난다 하더라도, 우리를 흔드는 일이 일어난다 하더라도 하나님과 화목하여 마음에 평안을 얻을 수 있습니다. 예수님이 "근심하지 말라"고 하셨고 "세상 끝날까지 너희와 항상 함께 있으리라"(마 28:20) 하셨으니 그 어떤 일이 일어나더라도 평안할 수 있습니다.

그리스도인은 어떤 상황, 어떤 환경에서도 주를 인정하는 사람들입니다. 상상도 못한 일이 일어나더라도, 너무 고통스럽더라도 모든 것을 합력하여 선으로 만드시는 주님을 믿는 사람들입니다. 재난과 질병, 사고 뒤에는 하나님의 계획과 뜻이 있음을 인정하는 사람들입니다.

하나님은 우리를 지켜보고 계시며, 우리에게 일어난 모든 일은 주님의 계획 안에 있음을 믿으시기 바랍니다. 그러므로 매사에 감사하기 바랍니다.

셋째는, 치유의 은혜입니다.

질병도 은혜라고 하는 사람이 있던데 과연 맞습니다. 병에 걸리지 않고서는 경험할 수 없는 은혜가 있습니다. 아프지 않고는 경험할 수 없는 은혜가 있습니다. 그러므로 병에 걸려 고통 가운데 있을지라도 감사하며 치유되기를 바라며 기도하기 바랍니다.

> 나에게 이르시기를 내 은혜가 네게 족하도다 이는 내 능력이 약한 데서 온전하여짐이라 하신지라 그러므로 도리어 크게 기뻐함으로 나의 여러 약한 것들에 대하여 자랑하리니(고후 12:9)

사도 바울도 약함을 통해 하나님의 은혜를 경험했습니다. 사도 바울은 박해를 받는 중에도, 고난 중에도, 길이 보이지 않는 중에도 약함을 통해 온전해지는 하나님의 은혜를 믿었습니다. 지난해 성탄 예배 때였습니다. 체격이 제법 좋은 어떤 남자가 요통으로 인해 새우처럼 허리를 굽히고 괴로워하

며 저를 찾아왔습니다. 허리가 너무 아파서 견딜 수 없다면
서 기도해 달라고 했습니다. 그래서 그에게 손을 얹고 함께
기도했더니 순식간에 요통이 사라졌습니다. 남자는 너무 기
뻐하며 나가서 사람들에게 알렸습니다.

"전 요통에서 완전히 해방되었습니다. 깨끗이 치유되었
습니다"

그의 얘기를 듣고 어떤 사람이 "저는 오른팔이 아파서 들
어올릴 수가 없습니다. 운전할 때나 밥을 먹을 때도 왼팔만
사용합니다" 하고 말했습니다. 그러자 남자가 그를 끌고 저
를 찾아왔습니다. 점심을 먹고 잠시 쉬는 중이라 어리둥절
했지만 역시 그를 위해 함께 기도했고, 아픈 팔도 곧바로 나
았습니다.
　하나님은 질병 중에 더 큰 은혜를 부어 주실 뿐 아니라 치
유의 능력도 주십니다.
　하나님의 은혜로 치유받았다면 더 많은 사람들에게 그
사실을 간증해야 합니다. 그래야 믿음이 성장합니다. 치바
현의 이치카와에서 온 어떤 분도 이런 간증을 했습니다.

"저는 유방암이었습니다. 교회와 함께 기도했으나 오히려 겨드랑이의 림프로 전이되었습니다. 그런데 오오카와 목사님께 기도받은 후 암이 깨끗이 사라졌다는 검사 결과를 받게 되었습니다. 의사 선생님도 대체 무슨 일이 일어난 거냐며 깜짝 놀랐습니다. 저는 정말로 치유되었습니다. 감사합니다!"

사도행전에도 베드로가 "은과 금은 내게 없거니와 내게 있는 이것을 네게 주노니 나사렛 예수 그리스도의 이름으로 일어나 걸으라"(행 3:6)고 명하자 태어나면서부터 걷지 못하던 사람이 일어나 걷고 뛰며 하나님을 찬양했다는 기록이 있습니다. 그리고 사람들이 그 얘기를 듣고 멀리서부터 몰려왔다고 했습니다. 이것이 부흥입니다. 오라고 부탁하지 않아도 사람들이 먼저 알고 모이는 것이 부흥입니다.

넷째는, 축복의 은혜입니다.

저는 와타나베 가즈코(渡辺和子)라는 가톨릭 수녀를 매우 좋아합니다. 우리 교회에서도 강연을 하신 적이 있습니다. 그녀의 책 《당신이 선 자리에서 꽃을 피우세요》(置かれた場所

で咲きなさい)는 120만 권이나 팔렸습니다.

"이 집이 싫다고 말하지 마라, 이 사람이 싫다고 말하지 마라, 그곳에 심어졌다면 그곳에서 꽃을 피우라."

이 책에 나오는 내용입니다. 아직 꽃이 피지 않았다면 지금 뿌리를 내리고 있는 중이니 인내하십시오. 뿌리는 넓고 깊게 내려야 합니다. 그러면 마침내 꽃을 피울 것입니다.

와타나베 수녀의 또 다른 책은 《귀찮으니까, 하자》(面倒だから, しよう)입니다. '귀찮으니까 하자'라니요. 대개 귀찮으니까 그만두자가 어법상 맞는 것 같습니다. 그녀는 노틀담 세 신학원의 이사장으로 있는데, 이 책이 나온 뒤 학생들 사이에서 '귀찮으니까, 하자'는 말이 유행이 되었다고 합니다. 이 책에는 마더 테레사의 말이 인용되어 있습니다.

"내가 하고 있는 일은 한 방울의 물처럼 보잘것없는지도 모릅니다. 그러나 이 한 방울이 없다면 큰 바다는 만들어지지 않습니다."

접시를 늘어놓고 젓가락을 올려놓는 작은 일들도 깊은 사랑을 담아 정성껏 하라는 뜻에서 인용한 글입니다. 그런데 저는 이 책에서 저를 비롯해 목회자들이 귀담아들어야 할 내용을 발견했습니다.

수고하고 무거운 짐 진 자들아 다 내게로 오라 내가 너희를 쉬게 하리라 나는 마음이 온유하고 겸손하니 나의 멍에를 메고 내게 배우라 그리하면 너희 마음이 쉼을 얻으리니 이는 내 멍에는 쉽고 내 짐은 가벼움이라 하시니라(마 11:28-30)

와타나베 수녀는 30대에 대학 학장이 된 이후로 시련의 연속이었다고 합니다. 이 말씀은 그녀에게 어떤 도움이 되었을까요?

'너의 무거운 짐을 내려놓으라'는 말은 '이제 여든 살이 되었으니 이사장 자리를 그만두어라, 내가 너를 쉬게 하겠다'는 의미로 받아들이기 쉬운데 그녀는 그렇지 않다고 말합니다.

"멍에도 무거운 짐도 없애 주지 않으시지만 예수님은 그 짐을 메기 쉽게, 지기 쉽게 해 주십니다. 그를 위해 저는 온유하고 겸손해져야만 합니다. 드센 성격이라 늘 1등이 되고 싶어 하던 제게 예수님은 온유함과 겸손함에서 1등이 되라고 하셨습니다.

예수님은 '수고하고 무거운 짐 진 자를 쉬게 하리라' 하셨지 우리가 해야 할 일을 포기하라고 하시지 않았습니다. 아이 키우는 일이 힘들다고 엄마가 엄마이기를 포기할 수는 없습니다. 그래선 안 됩니다. 예수님은 우리가 진 짐을 포기하라고 한 게 아니라 가볍게 해 주시겠다 하셨습니다. 이때 조건이 있습니다. '온유하고 겸손하라'입니다. 성격이 드센 저는 이 말씀을 '온유하고 겸손하라'는 명령으로 이해하고 살았습니다."

예수님은 오늘도 "수고하고 무거운 짐을 진 자야, 내게로 와서 쉬라"고 말씀하십니다. 우리가 진 짐을 가볍게 하시는 예수님의 음성에 귀 기울이시기 바랍니다.

마틴 루터 킹 목사는 "저는 이 세상에서 섬기는 일에서 세계 최고가 되게 해달라고 기도하며 실천해 왔습니다"라고 말했습니다. 세계 최고의 부자도 아니고 세계 최고의 목사도 아니고 섬기는 일에 최고가 되기를 원한 것입니다. 마틴 루터 킹 목사도 그렇지만 마더 테레사 수녀도, 와타나베 가즈코 수녀도 섬기기를 힘썼습니다. 사람을 섬기고 교회를 섬기고 세상을 섬기기를 힘썼습니다. 타인의 행복을 위해 삶을 바치는 데 최고가 되기를 바랐습니다.

이렇게 섬기는 삶이야말로 구원받은 백성의 축복이 아닌가 합니다. 성령님이 우리가 그렇게 살도록 역사하시는 것이 바로 은혜입니다

다섯째는 천국의 은혜입니다.

와타나베 가즈코 수녀의 아버지는 2·26 사건(1936년에 일어난 일본의 군사 쿠데타)으로 돌아가셨습니다. 역사를 아는 분이라면 이 유명한 사건을 아실 것입니다.

"저는 아홉 살 때부터 갑자가 부모를 죽인 원수를 가진 사람이 되었습니다. 서른 명이 넘는 육군 장교와 병사가 아침 여섯 시가 되기도 전에 트럭을 타고 집으로 찾아와 제 눈앞에서 기관총으로 아버지를 살해했습니다."

서른 명이 넘는 남자들이 큰 소리로 떠들며 우당탕탕 집으로 쳐들어와서 아버지를 살해하는 것을 어린 나이에 목도했던 것입니다. 와타나베 수녀는 그때 간신히 도망쳐서 지금 이 사건의 살아 있는 유일한 증인이 되었습니다.

　얼마 전 방송국에서 2·26 사건을 조명하는 프로그램을 만든다며 와타나베 가즈코 수녀에게 출연을 요청했습니다. 이때 함께 죽임을 당한 사이토 마고토(斉藤まこと) 장관이나 다카하시 고레키요(高橋是清) 장관의 자녀들은 초청받지 못했습니다. 모두 이 세상 사람이 아니기 때문입니다. 한편, 살해한 쪽은 서른 명이 넘는 육군 장교와 병사들 중에서 한 사람만 생존해 있었습니다. 와타나베 수녀는 그들의 자녀가 아닌 당사자와 직접 대화하기를 원했습니다.

　그녀는 방송국 대기실에 앉아서 '내 원수가 이곳에 있다, 내 부모를 죽인 남자가 살아 있다'는 생각에서 벗어날 수 없었다고 합니다. 그리스도인으로서 예수님의 사랑으로 용서하고 싶었으나 막상 눈앞에 아버지를 죽인 사람이 나타나자 몸을 움직일 수 없었다고 합니다. '큰일 났네, 할 말이 없어.' 방송국에서 준비한 커피를 마시면서 마음을 진정하려 했지만 커피조차 마실 수 없었습니다.

그녀는 그날 '원수를 사랑하라'는 말씀이 머리로는 이해할 수 있어도 몸으로 실천하기는 정말 힘들다는 것을 알았다고 했습니다. 용서하라고, 용서한다고 말할 수는 있지만 진심으로 그렇게 하기는 쉽지 않다는 걸 알았다고 했습니다.

그런데 그녀는 그것을 안 것으로도 은혜라고 말합니다. 그래서 자신을 용서했다고 말합니다. 정말 놀랍습니다.

저는 오랫동안 용서에 대해 설교할 때면 "아직 당신이 용서할 수 없다면 당신에게 문제가 있는 것이다. 용서할 수 있도록 성령의 은혜를 입어 정결함을 받으라"고 말했습니다. 그런데 와타나베 가즈코 수녀는 "용서하지 못하는 자신을 깨달은 것만으로도 은혜입니다. 용서하기 힘들어하는 나를 주님이 용서해 주셨듯이 나도 나 자신을 비난하지 않고 용서할 수 있습니다"고 말합니다.

그 말로 저는 다시 한 번 천국에서의 삶이 얼마나 멋질지를 알게 되었습니다. 올해는 더욱 깊은 하나님의 세계를 알 수 있게 되기를 바랍니다.

I will do it!

요한복음 14:12-16

저는 최근 새로운 농담을 찾느라 애먹었는데 마침내 새 책을 발견하여 굉장히 기뻤습니다. 그 책은 독일의 유머집으로, 888개의 농담이 일본어로 번역되어 있습니다. 그 안에 '교회 편'이 있는데 그중 세 가지만 소개하고자 합니다.

　머리가 좋은 신부님이 최근 헌금이 줄어 교회 재정이 힘들어지자 말하는 헌금함을 만들었습니다. 헌금함에 다가가면 '환영합니다. 잘 오셨습니다'라고 말하고 헌금을 넣으면 그 무게에 따라 '고맙습니다'라고 말하는 헌금함이었습니다. 다만 헌금 소리가 가벼우면 이렇게 말합니다.

"에이, 그것뿐입니까?"

두 번째 이야기는 십계명에 관한 농담입니다. 주일학교에서 신부님이 아이들에게 모세의 십계명을 가르친 후 질문했습니다.

"여러분, 십계명 중 하나를 지키지 않으면 어떻게 됩니까?"

한 아이가 대답했습니다.

"구계가 됩니다."

세 번째는 개신교에 관한 농담입니다.
유치원생인 마리에트가 주일학교에서 돌아오자 아버지가 물었습니다.

"주일학교에서 목사님에게 어떤 이야기를 들었니?"

그러자 마리에트가 대답했습니다.

"아빠, 뭐든지 아이에게 묻지 말고 아빠랑 엄마가 직접 예배에 참석해서 이야기를 들으세요!"

실로암 못에 가서 씻으라

요한복음 9장에 보면 날 때부터 맹인인 사람을 보고 제자들이 그것이 자기 죄 때문인지, 아니면 부모의 죄 때문인지를 묻습니다. 이때 예수님은 이렇게 대답하셨습니다.

> 예수께서 대답하시되 이 사람이나 그 부모의 죄로 인한 것이 아니라 그에게서 하나님이 하시는 일을 나타내고자 하심이라 (요 9:3)

맹인으로 태어난 것이 본인의 죄나 부모의 죄와는 상관이 없다고 말씀하십니다. 예수님은 부모의 죄로 인해 자녀가 맹인이 되었다고 생각하지 않아도 된다고 하십니다. 그의 장애가 예수님의 만지심으로 고침 받을 때 하나님의 일이 나타나기 때문입니다.

그런데 평생 장애나 질병을 지고 사는 사람도 있습니다. 호시노 도미히로(星野富弘, 시인)나 미즈노 겐조(水野源三, 시인), 레나 마리아(Lena Maria), 헬렌 켈러(Helen Keller) 같은 이가 그들입니다. 이렇게 보면, 병을 치유받음으로 하나님의 일을 나타내는 사람이 있는가 하면, 병이나 장애를 치유받지는 못하나 그 존재 자체로 하나님의 일을 나타내는 사람도 있습니다.

예수님은 맹인을 그냥 고쳐 주시지 않고 이상한 주문을 하십니다. 땅에 침을 뱉어 진흙을 이겨 그의 눈에 바르고는 실로암 연못에 가서 씻으라 하신 것입니다. 백부장의 하인은 직접 만지지도 보지도 않고 그저 말씀만으로 낫게 하시고 열두 해 혈루병을 앓던 여인은 예수님의 옷자락만 만지고도 병이 나았는데, 어째서 이 맹인에게는 진흙을 개서 눈에 바르고 더구나 실로암 못까지 가라고 하시는 걸까요?

실로암은 '보냄을 받았다'는 뜻이므로 예수 그리스도를 나타냅니다. 이 맹인의 눈을 고치신 사건은 하나님이 명령하시면 이해할 수 없어도 순종해야 함을 가르치고 있습니다.

우리는 얼굴에 진흙이 묻거나 침 뱉음을 당하는 모욕을 받을 수 있습니다. 그것이 부모일 수 있고 친구일 수 있고 가까운 지인일 수 있습니다. 누구나 크고 작은 상처를 받으며 살아가게 됩니다.

일본의 가장 큰 상처는 전쟁에 패배해서 폐허가 된 일입니다. 지난 2011년 3월 11일에 일어난 후쿠시마 원전사고 역시 일본인에게 큰 상처로 남아 있습니다. 이 사고는 지금까지 일본을 공포에 떨게 하고 있습니다.

그러나 이 땅에서 일어나는 모든 일이 하나님의 영광을 나타내기 위한 것입니다. 진흙이 발라지고 침이 뱉어져 창피를 당하더라도 걱정하지 마십시오. 하나님은 악을 선으로 바꾸시는 분입니다. 지금은 낙심되고 아프고 고통스럽지만 하나님께서 일본의 동북 지역을 선하게 바꾸셔서 놀라운 일을 행하실 것입니다.

《성령님과의 친밀한 교제》는 체 안 목사를 비롯한 9명의 주의 종이 집필한 책으로 서문에 이런 글이 있습니다.

"이제 당신 곁에 주님을 초대하여 성령님을 '대접'합시다!"

흔히 대접한다 하면 사람을 상대로 하는데 성령님을 대접한다니, 멋진 발상인 것 같습니다.

2020년이면 도쿄에서 올림픽이 열립니다. 이 올림픽 유치에 일본인의 친절이 결정적인 역할을 해서 전 세계에 화제가 되었습니다. 지난해 9월 부에노스아이레스 국제올림픽위원회(IOC) 총회 프레젠테이션에서 여자 아나운서 다키가와 크리스텔이 '오·모·테·나·시'(환대)를 한 음 한 음 끊어 발음한 뒤 두 손을 모은 것이 매우 깊은 인상을 남긴 것입니다. 물론 여기에는 일본이라면 성공적으로 올림픽을 개최할 수 있다는 국제 사회의 믿음이 바탕이 되었을 것입니다.

아사히신문에 긴짱으로 유명한 코미디언 하기모토 긴이치(萩本欽一) 씨의 글이 실렸습니다. 그는 50여 년 전인 1964년에 도쿄에서 올림픽이 열렸을 때, 텔레비전이 없어서 올림픽 경기를 관람할 수 없어 매우 안타까웠다고 했습니다. 당시 저는 신학교를 막 졸업한 뒤 새벽부터 밤늦게까지 눈코 뜰 새 없이 바빴습니다. 새벽에 일어나 새벽기도를 드린 뒤 낮 동안은 일을 하고 밤이면 아오야마학원 교육학과에 다니며 분초를 다투며 살았습니다. 하지만 올림픽은 꼭 보고 싶었습니다. 텔레비전도 없고 돈도 없는 제가 유일하게 볼 수 있는 경기가 바로 마라톤이었습니다. 경기장 주변에 가서 마라톤 선수들을 지켜보았는데 정말 즐거운 추억이 되었습니다.

"2020년은 세련되고 멋진 올림픽이었으면 좋겠습니다. 선수촌에 '오모테나시 창구'를 만들면 어떨까요? 시합에 져서 풀이 죽어 돌아오는 선수를 일본의 중학생, 고등학생이 멋지게 대접하는 것입니다. 저녁놀을 배경으로 편지를 전달하는 건 어떨까요? 경기에 패해서 실의에 빠져 고국으로 돌아가기가 난처한 선수들에게 영웅이 된 기분을 맛보게 해주는 것입니다. 경기에 패했어도, 실격을 당했어도 따뜻하게 '오모테나시'를 받을 수 있도록, 저도 돕고 싶습니다."

경기에 패했어도 가슴을 펴고 고국으로 돌아갈 수 있도록 돕고 싶다는 그의 마음이 참 아름답습니다. 이 땅에서 엉망진창으로 죄를 짓고 최후의 순간까지 세상에 해를 끼치던 도둑은 십자가 위에서 예수님으로 말미암아 가슴을 펴고 천국에 들어갈 수 있게 되었습니다. 그리스도인으로서 문제만 잔뜩 일으킨 사람이라도 그리스도의 구원으로 말미암아 가슴을 펴고 천국에 들어갈 수 있습니다.

《하나님께서 함께하시는 삶의 축복》(神が共におられる人生の
祝福, 일본에서만 출판됨)은 한국의 정필도 목사가 쓴 책입니다.
정필도 목사는 현재 부산 수영로교회 원로목사입니다. 이
교회는 선교사 100명을 돕자는 목표로 개척돼 지금은 한국
을 대표하는 교회 중 하나로 성장했습니다. 그가 이 책에서
쓴 글이 흥미롭습니다.

"개척 교회 시절, 선교사님이 우리 교회를 방문하면 반드
시 귀하게 대접하고 교통비를 부담하기로 방침을 세웠습니
다. 아브라함이 정체를 모르고 대접한 여행객들은 천사였습
니다. 손님을 대접하는 행동은 하나님의 마음에 합한 일입
니다."

하나님의 말씀에 순종하는가?

정필도 목사는 부산 시민 전체가 그리스도인이 되는 복음
화에 힘쓰겠다 했는데 그의 목회는 어느 정도 성공한 것 같

습니다. 그는 그의 목회가 성공한 비결을 하나님의 명령에 순종하는 것, 하나님의 계명에 복종하는 것이라고 꼽습니다.

사랑하는 자들아 만일 우리 마음이 우리를 책망할 것이 없으면 하나님 앞에서 담대함을 얻고 무엇이든지 구하는 바를 그에게서 받나니 이는 우리가 그의 계명을 지키고 그 앞에서 기뻐하시는 것을 행함이라(요일 3:21-22)

"하나님 앞에서 담대함을 얻고"는 일본어 성경에는 "우리는 하나님에 대해 확신을 가질 수 있다"고 되어 있습니다. 22절의 "무엇이든지 구하는 바를 그에게서 받나니"는 요한복음 14장 14절의 "내 이름으로 무엇이든지 내게 구하면 내가 행하리라"와 같은 말씀입니다. 요한은 "그의 계명을 지키고 그 앞에서 기뻐하시는 일을 행함"으로써 "무엇이든지 구하는 바를 그에게서 받"았다고 말하고 있습니다. 그러면 그의 계명은 무엇이고 그가 기뻐하시는 일은 무엇입니까?

그의 계명은 이것이니 곧 그 아들 예수 그리스도의 이름을 믿고 그가 우리에게 주신 계명대로 서로 사랑할

것이니라(요일 3:23)

그의 계명은 예수 그리스도를 믿고 서로 사랑하는 것입니다. 이 일을 담대히 하라, 확신을 가지고 하라고 말하고 있습니다.

네가 네 하나님 여호와의 말씀을 삼가 듣고 내가 오늘 네게 명령하는 그의 모든 명령을 지켜 행하면 네 하나님 여호와께서 너를 세계 모든 민족 위에 뛰어나게 하실 것이라 네가 네 하나님 여호와의 말씀을 청종하면 이 모든 복이 네게 임하며 네게 이르리니 성읍에서도 복을 받고 들에서도 복을 받을 것이며 네 몸의 자녀와 네 토지의 소산과 네 짐승의 새끼와 소와 양의 새끼가 복을 받을 것이며 네 광주리와 떡 반죽 그릇이 복을 받을 것이며 네가 들어와도 복을 받고 나가도 복을 받을 것이니라 여호와께서 너를 대적하기 위해 일어난 적군들을 네 앞에서 패하게 하시리라 그들이 한 길로 너를 치러 들어왔으나 네 앞에서 일곱 길로 도망하리라 여호와께서 명령하사 네 창고와 네 손으로 하는 모든 일에 복을 내리시고 네 하나님 여호와께서 네게 주시는 땅에서 네게 복을 주실 것이며 … 여호와께서 너를 위하여 하늘의 아름다운 보고를 여시사 네 땅에 때를 따라 비를 내리시고 네 손으로 하는 모든 일에 복을 주시리니 네가 많은 민족에게 꾸어줄지라도 너는 꾸지 아니할 것이요 여호와께서 너를 머리가 되고 꼬리가 되지 않게 하시며 위에만 있고 아래에 있지 않게 하시리니 오직 너는 내가 오늘 네게 명령하는 네 하나님 여호와의 명령을 듣고 지켜 행하며 내가 오늘 너희에게 명령하는 그 말씀을 떠나 좌로나 우로나 치우치지 아니하고 다른 신을 따라 섬기지 아니하면 이와 같으리라 네가 만일 네 하나님 여호와의 말씀을 순종하지 아니하여 내가 오늘 네게 명령하는 그의 모든 명령과 규례를 지켜 행하지 아니하면 이 모든 저주가 네게 임하며 네게 이를 것이니 네가 성읍에서도 저주를 받으며 들에서도 저주를 받을 것이요 또 네 광주리와 떡 반죽 그릇이 저주를 받을 것이요 네 몸의 소생과 네 토지의 소산과 네 소와 양의 새끼가 저주를 받을 것이며 네가 들어와도 저주를 받고 나가도 저주를 받으리라(신 28:1-8, 12-19)

가나안 땅의 입성을 앞두고 모세가 이스라엘 백성에게 설교한 내용이 신명기입니다. 모세는 하나님의 말씀을 따르면 축복을 받겠고 그렇지 않으면 저주를 받을 것이라고 강하게 경고하고 있습니다.

여러분은 주의 계명을 잘 지키고 있습니까? 저는 어떨 것 같습니까? 이 질문에 자신 있게 '그렇다'고 대답할 수 있는 사람은 거의 없을 것입니다. 제 경우, 솔직히 말하면, 한때 하나님의 이 계명을 완벽하게 지키려 노력했습니다. 하지만 아무리 노력해도 완전히 이 계명을 지키기는 어렵다는 사실을 알았습니다. 다만 예나 지금이나 주의 계명을 지키려 힘을 쏟습니다.

목사도 지키지 못하는 계명, 내가 무슨 수로 지키나 하십니까? 그리스도인은 하나님의 말씀을 따르기 위해 자기를 버린 사람들입니다. 그리스도인의 모범은 예수님입니다. 목사나 주변의 신앙의 선배가 아니라 예수님을 따라야 합니다. 그러므로 누구는 어떻다고 비교하지 말고 오직 주의 명령, 주의 계명, 주의 말씀을 지키려 노력하십시오.

저는 목회자다 보니 축복받는 교회를 보면 그 비결을 알고 싶습니다. 여러분은 축복받는 사람들을 보면 그 비결을 알고 싶지 않습니까?

《성령님과의 친밀한 교제》에서 체 안 목사는 "축복받는 교회는 성령님을 대접하는 요령을 잘 알고 있다"고 했습니다. 무슨 말입니까?

성령 하나님은 눈에는 보이지 않지만 인격(페르소나)을 갖고 계십니다. 성령님은 인격적인 존재이기 때문에 좋음과 싫음이 있습니다. 우리가 하나님의 뜻에 합당한 일을 했을 때 좋아하시고 합당하지 않은 일을 했을 때 싫어하십니다. 그래서 우리가 성령님이 좋아하는 일을 행할 때 우리가 구하는 것을 들어주십니다.

그런데도 범사에 감사하며 주의 계명을 지키기는 쉽지 않습니다. '맙소사, 이런 지경에 감사하라고?' 할 때가 있습니다. 하지만 감사하십시오. 악을 선으로 바꾸시는 하나님을 믿음으로 닥친 고난을 감사함으로 헤쳐 나가십시오. 하나님이 이 일로 말미암아 우리의 인격을 다듬으시고 믿음을 강하게 빚으실 것입니다. 닥친 고난은 악을 선으로 바꾸시는 하나님의 계획 안에서 일어난 것입니다.

성령의 역사를 무시하지 말라

일본에는 8천여 개의 교회가 있습니다. 그런데 왜 그중에서 우리 교회가 축복을 받았을까요? 그런데 이것은 저뿐 아니라 많은 교회들이 궁금해 하는 것입니다. 왜 우리 교회에만 이렇듯 사람들이 모여들까요? 왜 우리 교회에서만 기적이 일어날까요? 지난 20년간 이 질문을 계속해 봤지만, 저의 결론은, 하나님의 긍휼하심, 하나님의 계획하심이 있기 때문이라는 것입니다.

존 아노트(John Arnott) 목사는 그의 책에서 이른바 토론토 블레싱(Toronto Blessing)이라는 성령운동의 중심 역할을 한 교회에 대해 소개하고 있습니다. 1960년대부터 다양한 성령 현상과 표적이 나타나자 전 세계 많은 교회들이 그 교회를 보러 갔습니다. 그중에는 저와 우리 교회 성도들도 경험한 것들이 있습니다. 예를 들어, 방언입니다. 우리 교회 성도 중에는 손에서 금가루가 나온 사람도 있습니다. 다양한 현상들이 격렬한 형태로 나타났습니다. 엄청난 성령의 바람이었습니다.

이런 현상들을 반기는 사람이 있는가 하면 거부하는 사

람도 있습니다. 존 아노트 목사는 "성령운동이 일어났을 때, 쳐다보지도 않는 교회, 완전히 무시한 교회는 모두 생명을 잃었다"고 진단했습니다. 그런 점에서 보면 일본의 많은 교회들이 동력을 얻지 못하는 것은 성령님에 대해 무관심하거나 무시해서라고 보아집니다. 그들도 역시 성령님을 경험했고 인정합니다. 그런데도 성령님이 일으키시는 바람을 거부하거나 무관심해서 성령님을 슬프게 하고 있습니다. 성령님을 정중하게 대접하지 않은 것입니다.

대부분의 교회는 성령님이 역사하실 때, 주의 기름 부음을 가볍게 여겼습니다. 한때는 성령의 역사가 풍요롭게 나타났으나 수주일, 수개월, 수년 후에는 사라졌습니다. 마치 삼손이 성령의 역사로 엄청난 힘을 소유했으나 그가 이 능력을 무시해서 나중에는 아무 힘도 쓸 수 없었던 것과 같습니다.

성령님은 기름 부음을 사모하는 곳에 머무십니다. 성령님은 자신을 환영하는 곳을 찾으십니다. 성령님은 자신을 부끄러워하거나 경멸하는 교회에는 가지 않으십니다. 그런 그리스도인도 찾아가지 않으십니다. 그런데 사람들은 왜 성령의 역사를 무시하거나 거부하는 걸까요? 존 아노트 목사의 말을 들어 봅시다.

"저도 솔직히 고백하면 성령님의 역사가 더욱 고상한 모습으로 나타나기를 바랐습니다. 그렇듯 격렬하고 이상해 보이는 현상은 싫었습니다. 그래서 더 이상 성령님의 역사를 원하지 않는다고 고백하려던 그날 밤, 저는 기름 부음을 받았습니다. 그 후 더 이상 성령님의 역사를 부끄러워하지 않겠다고 하나님께 약속했습니다."

성령님의 역사는 합리적이지도 않고 이성적이지도 않고 논리적이지도 않습니다. 성령님의 역사는 우리의 언어로는 설명할 길이 없을 만큼 신비합니다. 그래서 많은 사람들이 차라리 성령의 기름 부음을 받고 싶어 하지 않습니다. 많은 교회들이 유감스럽게도 하나님의 풍요로운 보물을 존중하지 않기 때문에 주님의 임재가 사라지고 말았습니다.

우리 교회와 제가 축복을 받는 데에는 이유가 있습니다. 그것은 1977년 2월 28일, 조용기 목사가 우리 교회를 방문한 것이 결정적인 계기가 되었습니다. 1978년 2월 3일 성령님을 경험한 이후 수십 년 동안 주님은 우리 교회에 굉장한 일을 행하셨습니다. 특히 성령님의 역사 가운데 방언의 은혜를 받고 나서 저의 설교가 달라졌습니다. 그런데 이 일로 인해 저는 교단에서 쫓겨났습니다. 저는 마치 이단이나 다름없는 것처럼 취급받았습니다. 이름만 대면 알 만한 큰 교단에서 저를 특별 성회의 강사로 초대하여 포스터와 전단지까지 만들어 놓고는 직전에 취소하기도 했습니다. 게다가 어떤 교단의 기관지에는 이 목사와 저 목사, 그리고 오오카와 목사와는 관계를 맺지 않는 것이 좋다, 위험한 사람들이라는 기사가 실렸습니다. 대체 내가 무슨 짓을 했다는 겁니까! 더 기가 막힌 일은, 케직 사경회(Keswick Convention, 영국 케직에서 매년 하절기에 1주간 열리는 집회)에 참여하려 했으나 접수처에서 거절당한 것입니다.

지금은 이렇게 평온한 교회지만 당시에는 처음 겪는 일이어서 정말 우왕좌왕했습니다. 성령님에 대한 경시와 경멸을 견뎌야만 했습니다. 그러나 제 마음속은 보물을 발견한 기쁨으로 가득했습니다. 눈에 진흙이 발라지고, 얼굴에 침이 뱉어진 것과 같은 일들이었지만 받아들였습니다. 주님은 그런 저를 기뻐해 주셨습니다.

참고 견디는 데에 그치지 않고 성령님의 역사를 보고 체험하기 위해 뜨거운 마음으로 세계 곳곳을 찾아다녔습니다.

한국의 온누리교회가 하용조 목사가 돌아가신 후에도 계속 성장하는 이유를 아십니까? 하 목사는 장로교 목사였지만 이단으로 몰리더라도 성령의 세례를 받으라, 방언으로 기도하라, 열심히 전도하라, 그리하면 당신의 삶이 바뀌리라, 한국의 교회가 바뀌리라, 라고 담대하게 전하셨습니다. 부끄러워하지 않고 주님의 일에 앞장섰습니다. 주님께서는 그 교회를 크게 축복하셨습니다.

그리스도로 말미암아 창피를 당했습니까? 얼굴에 진흙이 발라지고 침 뱉음을 당했습니까? 실로암에 가서 씻고 상처를 치유받으십시오.

내 이름으로 무엇이든지 내게 구하면 내가 행하리라 너희가 나를 사랑하면 나의 계명을 지키리라 내가 아버지께 구하겠으니 그가 또 다른 보혜사를 너희에게 주사 영원토록 너희와 함께 있게 하리니(요 14:14-16)

성령님은 '보혜사', '위로자', '예언자', '중재자', '변호자', '구원자', '격려자', '보호자' 등 별명이 많습니다. 그만큼 성령님은 한두 단어로 표현하기에는 부족함이 많습니다. 성령 하나님은 위대한 보혜사이십니다. 이분을 부정하고서 어떻게 하나님의 도움을 받을 수 있겠습니까?

성령님은 인격을 갖고 계셔서 성령님을 무시하면 그를 떠나 버리나, 그분을 인정하고 감사하고 환영하며 자신을 맡기면 기뻐하시며 주의 역사를 이루십니다. 세상에서 가장 중요하다고 평가받는 철학이건 신학이건, 이보다 중요한 메시지는 없습니다. 직장에서 고통을 겪고 있습니까? 사랑하는 아내 혹은 남편과 불화하므로 괴롭습니까? 축복에게 '저기로 가라!'고 명하는 권위를 갖고 계신 전능하신 하나님, 이분이 함께하시면 '나와 같은 일을 하리라, 아니 더 큰일을 행하리라'고 한 예수님의 약속이 성취됩니다.

바라바 예수냐,
그리스도 예수냐

누가복음 23:13-25

예수님의 십자가형은 다수결로 정해졌습니다. 평소 사이가 나빴던 바리새인과 사두개인은 이 일에 대해서만큼은 의견이 일치했습니다. 또 헤롯 영주와 빌라도 총독은 서로 원수였다고 12절에 기록되어 있는데 그리스도를 십자가형에 처하는 일에 대해서만큼은 동지가 되었습니다.

민주주의의 원칙 중 하나가 다수결 원칙입니다. 다수결로 안건과 사안을 결정하는 것을 말합니다. 그런데 이 다수결 원칙은 때로 잘못된 결정을 할 때가 있습니다. 예전에 크림 반도가 러시아에 편입되는 것에 대한 국민투표가 있었는데, 대다수가 이를 찬성하는 바람에 크림 반도가 러시아에 예속되었습니다. 이로 인해 빚어진 우크라이나와 러시아의 영토 분쟁은 쉽게 끝나지 않을 것 같습니다. 또 다수결 원칙은 소수의 의견을 묵살하는 문제가 있습니다. 그러면 소수에 해당하는 사람들이 억울한 일을 당할 수 있습니다. 사실 인류는 무력이나 경제력, 강제적 다수결에 의해 역사의 흐름을 주도해 왔습니다.

무리가 일제히 소리 질러 이르되 이 사람을 없이하고 바라바를 우리에게 놓아 주소서 하니 이 바라바는 성중에서 일어난 민란과 살인으로 말미암아 옥에 갇힌 자러라 빌라도는 예수를 놓고자 하여 다시 그들에게 말하되 그들은 소리 질러 이르되 그를 십자가에 못 박게 하소서 십자가에 못 박게 하소서 하는지라 빌라도가 세 번째 말하되 이 사람이 무슨 악한 일을 하였느냐 나는 그에게서 죽일 죄를 찾지 못하였나니 때려서 놓으리라 하니 그들이 큰 소리로 재촉하여 십자가에 못 박기를 구하니 그들의 소리가 이긴지라(눅 23:18-23)

다수결에 따라 예수님은 죽임을 당했습니다. 성경에 따르면 당시 로마의 지배하에 있던 유대 땅에는 명절이 되면 총독이 백성의 청원에 따라 죄수 한 사람을 놓아 주는 전례가 있었다고 합니다.

무리는 바라바라는 살인자를 선택했습니다. 아무리 갈대 같은 군중 심리라고는 하지만 무리 중에는 얼마 전 나귀를 타고 예루살렘에 입성한 예수님을 향해 "호산나! 호산나!" 하고 찬양하던 사람도 있었을 것입니다. 예수님의 산상수훈을 들은 사람도 있었을지도 모릅니다. 오병이어로 5천 명을 먹이신 기적을 체험한 사람도 있었을지도 모릅니다. 마태, 마가, 누가, 요한은 모두 무리가 바라바를 풀어 주고 예수님을 십자가에 매달라고 소리쳤다고 증언하고 있습니다.

바라바가 바라본 예수

일본의 신공동역성경은 마태복음 27장 16-17절을 다음과 같이 번역하고 있습니다.

그때에 바라바 예수라 하는 유명한 죄수가 있었다. 빌라도는 사람들이 모이자 말했다. "내가 누구를 놓아 주기를 원하느냐, 바라바 예수냐, 아니면 메시아라 하는 예수냐."

빌라도가 한 말을 짧게 요약하면 '바라바 예수냐, 메시아 예수냐'입니다. '예수'라는 이름은 당시 아주 흔한 이름으로 당시 많은 유대인들에게 붙여졌습니다. '주는 구원한다'는 뜻입니다. '메시아 예수'의 '메시아'는 매우 중요한 이름으로, '구세주', 영어로는 'Messiah'라고 합니다. 이는 '그리스도, 기름 부음을 받은 자'라는 뜻입니다. 빌라도는 바라바 예수나 구세주 예수 중 한 사람은 풀어 주고 한 사람은 십자가에 매달겠으니 선택하라고 무리에게 말하고 있습니다.

'바라바'는 '바르'(아들)+'아바'(아버지)='바라바'(아버지의 아들)로, 역시 당시에 꽤 흔한 이름이었습니다. 유대인들은 사회에 영향을 미치는 교육자, 특히 율법학자들을 '아버지'라고 불렀습니다. 지금도 목사를 '영적 아버지'라고 부르는 사람이 있고, 가톨릭에서는 '신부'(Father)라고 합니다. 당시 유대 사회는 영적인 지도자를 '우리 아버지, 백성의 아버지'라고 부른 게 아닐까 합니다.

바라바는 '아버지의 아들'이므로 율법학자의 아들이라고 할 수 있습니다. 오늘날로 말하면 목사의 아들인 것입니다. 바라바는 폭동을 일으키고 살인죄를 저질러 사형을 언도받은 사람입니다. 빌라도의 질문에 무리는 "바라바!"를 외쳤고, 덕분에 바라바는 석방되어 자유의 몸이 되었습니다. 그 순간 바라바는 무슨 생각을 했을까요?

바라바는 헤롯과 빌라도조차 예수에게서 죄를 찾지 못했다 했는데, 왜 무리가 예수가 아닌 자신을 풀어 달라고 하는지 이해할 수 없었을 것입니다. 만일 예수에게 죄가 없다면 바라바 자신이 당해야 할 십자가형을 예수가 대신 지는 것이니, 그로선 예수라는 사람이 누구인지 몹시 궁금했을 것입니다. 만일 저라면 예수가 누구인지 궁금해서 십자가를 진 그를 뒤쫓아 갔을 것입니다.

또 다른 두 행악자도 사형을 받게 되어 예수와 함께 끌려 가니라 해골이라 하는 곳에 이르러 거기서 예수를 십자가에 못 박고 두 행악자도 그렇게 하니 하나는 우편에, 하나는 좌편에 있더라 이에 예수께서 이르시되

아버지 저들을 사하여 주옵소서 자기들이 하는 것을
알지 못함이니이다 하시더라 그들이 그의 옷을 나눠
제비 뽑을새 (눅 23:32-34)

예수님이 채찍에 맞고, 못이 박히고, 피투성이가 되어서
도 사람들을 미워하거나 저주하지 않고 오히려 "아버지 저
들을 사하여 주옵소서 자기들이 하는 것을 알지 못함이니이
다"라고 말씀하셨을 때 바라바는 무슨 생각을 했을까요?

'맞아, 내 아버지는 율법학자로서 성경을 가르치고 있지
만 나와 마찬가지로 지금 무슨 짓을 하고 있는지 모르고 있
어' 하고 생각했을지도 모릅니다. 그리고 이 예수라는 사람
이야말로 메시아, 구세주, 그리스도일지도 모른다는 생각을
하기 시작했을지도 모릅니다.

저는 50년이라는 오랜 세월 동안 목사였고, 수백 권의 주
석서를 공부했습니다. 그러나 지금껏 왜 바라바라는 이름이
성경 안에 남아 있는지 잘 몰랐습니다. 당시 많은 죄인들이
감옥에 있었습니다. 예수님이 십자가에 달리실 때도 오른쪽
과 왼쪽에 두 명의 범죄자가 함께 십자가형에 처해졌습니
다. 그러나 성경은 그 두 사람의 이름은 밝히지 않고 있습니

다. 그렇다면 성경은 왜 수많은 죄인 중에 유독 바라바만 이름을 밝힌 걸까요?

무리가 예수님이 아닌 바라바를 풀어 주라고 요구했을 때 예수님은 내심 놀라시지 않았을까 합니다. 왜냐하면 예수님이야말로 '아버지의 아들'이기 때문입니다. 바라바는 율법학자의 아들이지만 예수님은 하나님의 아들이었습니다. 바라바를 비롯해 유대인들은 육신의 아버지에게서 하늘의 아버지를 배웁니다. 우리의 진정한 아버지는 하늘의 아버지입니다. 그러니 예수님이야말로 진정한 '아버지의 아들'이었습니다.

예수님은 누구를 용서했을까

예수님은 "원수를 사랑하라" 하셨고 "너희를 박해하는 자를 위하여 기도하라"고 말씀하셨습니다. 하지만 예수님은 젠체하며 사람들을 정죄하는 율법학자와 제사장들은 미워하셨습니다. 그들에 대해 예수님은 마치 개와 같다고 원색적으로 비난하셨습니다. 말씀을 잘 알면서도 말씀을 무시하거나 실천하지 않는 것에 대해 비난하신 것입니다.

마태복음 2장에는 아기 예수를 동방박사들이 찾아왔다고 기록하고 있습니다. "유대의 왕으로 나신 이가 어디에 있습니까?" 하고 동방박사들이 헤롯 왕에게 물었을 때, 헤롯은 몹시 두려워하며 율법학자들과 제사장을 불러 그리스도가 어디서 태어나느냐고 물었습니다. 그때 그들은 '유대의 베들레헴'이라고 알려 주었습니다. 그만큼 그들은 성경에 해박했습니다.

그러나 그들은 아는 만큼 행동하지 않았습니다. 헤롯이 2세 이하의 아이들을 전부 죽이라는 헤롯의 명령에 따라 어린 아이들이 죽임을 당했을 때 베들레헴 주변은 난리가 났겠지요. 율법학자와 제사장들도 그 소식을 들었을 것입니다. 어쩌면 눈앞에서 어린 아기가 죽임을 당하는 걸 보았을지도 모릅니다. 율법학자와 제사장들도 이 난리가 메시아를 죽이기 위한 것임을 잘 알았을 것입니다 그런데도 그들은 메시아를 보호하기 위한 어떤 행동도 하지 않았습니다. 더구나 그들은 예수님의 공생애 3년 동안 예수님에게 가장 적대적인 사람들이었습니다.

예수님은 '일곱 번씩 일흔 번까지라도 용서하라'고 하셨고 '네가 용서하지 않으면 너도 용서받지 못하리라'고 말씀하셨습니다. 그렇다면 예수님은 과연 개라고까지 비난한 율법학자와 제사장을 용서하셨을까요? 저는 오랫동안 이 점이 의문이었습니다.

> 이에 예수께서 이르시되 아버지 저들을 사하여 주옵소서 자기들이 하는 것을 알지 못함이니이다 하시더라 그들이 그의 옷을 나눠 제비 뽑을새(눅 23:34)

헬라어 원문을 보면 "예수님은 거듭 말씀하셨다. 아버지, 저들을 사하여 주옵소서. 자기들이 무엇을 하는지 알지 못하나이다"라고 되어 있습니다. 예수님은 거듭 이 기도를 하신 것입니다. 예수님이 십자가에 달리셨을 때, 병사들은 예수님의 옷을 누가 가질까 제비뽑기를 했습니다. 예수님은 그들에 대해서도 "아버지, 저들을 사하여 주옵소서. 자기들이 무엇을 하는지 알지 못하나이다"라고 기도하셨습니다. "바라바를 풀어 주고 예수를 십자가에 매달라"고 소리친 무리들에 대해서도 똑같은 기도를 하셨습니다.

유대인은 매일 성경을 공부합니다. 토요일이면 회당에

가서 성경을 공부합니다. 매일 "쉐마(들으라)! 이스라엘아 들으라. 우리 하나님 여호와는 오직 유일한 여호와이시니, 너는 마음을 다하고 뜻을 다하고 힘을 다하여 네 하나님 여호와를 사랑하라"고 외칩니다. 그러므로 율법학자의 자녀들뿐 아니라 이스라엘 백성은 누구나 율법학자의 자녀들, 다시 말해 '바라바'였습니다. 유대인 중에서 바라바가 아닌 사람은 없었습니다. 성경을 모르는 이가 없었습니다.

"바라바를 석방하라"는 외침은 무슨 뜻일까요? 그것은 '이스라엘의 백성을 용서하라'는 의미입니다. 예수님이 미워하던, 용서할 수 없던 그들도 이 용서 안에 포함됩니다. 뿐만 아니라 오늘을 사는 우리들도 이 용서에 포함됩니다.

'은사'(恩赦)라는 단어는 재미있습니다. '은'은 '은총'을 의미하고 '사'(赦)는 용서를 의미합니다. 이 '사'에 붉을 적(赤)이 포함되어 있다는 사실이 신기합니다. 예수님의 보혈을 연상시킵니다. 이스라엘에서는 명절 때마다 은사가 있었습니다.

좋은 일을 해서 자신의 단점을 메우고, 죄보다 선한 일이 많아져야 용서를 받는 것이 아닙니다. 바라바는 완벽하게 죽어야 할 존재, 심판을 받아야 할 존재였지만 그리스도가 그를 대신하시므로 자유해졌습니다. 그리고 그 바라바는 바로 우리입니다. 심판받아 마땅한 우리는 주님의 십자가 대속으로 결박이 풀려 자유해졌습니다. 바라바가 성경에 그 이름을 올렸듯이 우리 역시 하나님의 생명책에 기록될 것입니다.

우리는 누구를 용서할 것인가

피터 와그너(Peter Wagner) 목사는 세계적으로 유명한 설교자일 뿐 아니라 풀러신학교에서 선교학을 가르친 교수였습니다. 15년 전 그가 일본을 방문했을 때, 히비야공회당에 모인 회중을 향해 미국을 대표해 세계대전 때 지은 미국의 죄를 사죄했습니다. 제2차 세계대전과 도쿄 대공습으로 가족을 잃은 사람들을 강단 앞으로 나오게 해서 그들 앞에 무릎을 꿇고 머리를 조아리며 용서를 빌었습니다. 그런 일은 처음이었습니다. 무척 감동적이었습니다.

그때 저도 언젠가 기회가 되면 미국인에게 사죄하기로 결심했습니다. 저는 수십 번 미국을 방문했지만 미국인의 교회에서 설교할 기회는 좀처럼 없었습니다. 그런데 얼마 전 미국에서 '서쪽의 카네기홀'이라 불리는 아름다운 예배당에서 설교할 기회를 얻었습니다. 이단이었던 컬트 집단이 리더가 죽자 혼란에 빠졌다가 모두 그리스도인이 되었다고 하는 기적적인 교회입니다. 더구나 그곳에 피터 와그너 목사도 오신다고 했습니다.

그런데 그날 더 놀라운 일이 일어났습니다. 지금으로부터 60여 년 전에 어느 미국인에 의해 일본에 복음을 전하기 위해 작성된 전도지가 제 손에 들어온 것입니다. 그 미국인은 바로 제이콥 드쉐이저(Jacob DeShazer)입니다.

1941년 12월 8일 일본이 305기의 전투기를 이끌고 진주만을 기습 공격했을 때, 3,662명의 미국인이 희생되었습니다. 그날은 일요일이라 병사들도 달콤한 휴식을 취하고 있었습니다. 이 소식이 전해지자 미국이 발칵 뒤집혔고 마침내 양국 간에 전쟁이 시작되었습니다.

오리건 주의 제이콥 드쉐이저 중사도 라디오에서 이 소식을 듣고 일본에 복수하기 위해 둘리틀 공습(Doolittle Raid)에 참가했습니다. 그러나 도중에 연료가 떨어져 중국의 일본군 점령지에 추락해 포로로 잡히고 말았습니다. 3년 4개월 동안 그는 포로수용소에서 매일 발로 차이고 몽둥이로 맞으며 혹독한 시간을 보내야 했습니다. 동료들은 제대로 먹지 못해 영양실조에 걸려 죽는가 하면 세 명은 총살을 당해 죽었습니다. 드쉐이저의 일본에 대한 증오심은 폭발할 지경이었습니다.

그러던 어느 날 드쉐이저는 일본인에 대한 증오심과 복수심으로 불타오르는 자신의 마음이 옳지 않다고 느끼기 시작했습니다. 그래서 간수에게 부탁해 성경을 읽기 시작했습니다.

탐욕스럽게 성경을 읽어 내려가던 어느 날이었습니다.

아버지 저들을 사하여 주옵소서 자기들이 하는 것을 알지 못함이니이다(눅 23:34)

이 말씀을 읽었을 때 그는 예수님의 사랑이 어떤 것인지를 깨닫게 되었습니다. 그리고 그 자리에서 고꾸라져 자신의 더러운 죄를 용서해 달라고, 자신의 증오심과 저주하는 마음을 용서해 달라고 기도했습니다. 그리고 그는 '만일 전쟁이 끝나고 내가 살아남는다면 미국으로 돌아가 신학교에 입학하여 선교사가 되자. 그리고 일본으로 전도하러 가자'고 결심했습니다. 드쉐이저는 진심으로 일본을 사랑하게 된 것입니다.

1945년 전쟁이 끝나자 그는 구출되어 미국으로 돌아갔습니다. 새롭게 거듭난 그는 신학교에 입학했고 전도지를 만들어 일본으로 건너와 전도하기 시작했습니다. 전도지에는 "나는 일본의 포로였습니다. 나는 일본이 미워서 공습에 참가한 사람이었습니다. 그러나 새롭게 거듭나서 일본을 용서했습니다. 뿐만 아니라 내 죄도 용서해 주십시오"라고 쓰여 있습니다.

그러던 중 과거 진주만 공습에서 대장이었던 후치다 미쓰오(淵田美津雄)가 시부야역에서 이 전단지를 받아 읽게 되었고, 그도 그리스도인으로 거듭나게 되었습니다. 그리고 두 사람은 힘을 모아 미국과 일본에 용서와 화해의 전도를 시작했습니다.

저는 이 이야기를 아버지에게서 하도 많이 들어 잘 알고 있었습니다. 그런데 그날 미국의 교회에서 설교를 하던 날, 이 전단지가 제 손에 들어온 것입니다!

전단지 표지에는 젊은 드쉐이저와 40대의 후치다의 모습이 실려 있었습니다. 그리고 마지막 페이지에는 '기도를 부탁드립니다'라고 쓰여 있었습니다.

우리에게는 용서할 수 있는 권리가 없습니다. 다만 하나님의 용서가 필요한 사람들입니다. 예수님의 십자가 사랑은 우리도 서로를 향해 용서할 것을 요구하고 있습니다. 드쉐이저와 후치다가 한때 서로를 향해 총을 겨누던 적이었으나 예수님의 사랑 안에서 하나가 되었듯이, 오늘 우리도 원수 된 자를 사랑할 사명이 있습니다.

믿음으로 감사하라

헤롯대왕은 아주 나쁜 사람이었습니다. 자신의 왕좌를 노리는 사람은 그 부인과 자녀까지 전부 죽여 버리는 인물이었습니다. 주전 4년에 그가 죽었을 때, 이스라엘은 세 명의 통치자에 의해 세 지역으로 나뉘게 되었습니다. 마태복음 2장에 등장하는 헤롯 왕의 아들 아켈라오(Archelaus)가 그중 한 사람으로, 자신의 자리가 위태로워지자 취임 직후 3천 명의 영향력 있는 사람들을 죽일 만큼 흉포했습니다. 또 한 명이 갈릴리 지방을 통치한 헤롯 안티파스(Herod Antipas)로 본문에서 말하는 헤롯 왕은 그를 두고 하는 말입니다. 셋 중 성품이 비교적 온화한 인물로, 헤롯대왕의 어린 아이 처형령을 피해 이집트로 도망간 요셉이 돌아와 살던 지역을 다스린 왕입니다. 마지막 세 번째 인물은 헤롯 빌립보 2세입니다.

빌라도는 예수님이 헤롯 안티파스가 다스리는 지역의 출신임을 알고 그가 마침 예루살렘에 와 있다는 소문을 듣고는 예수님의 재판을 맡겼습니다. 헤롯 안티파스 역시 예수님에게서 죽을죄를 찾지 못했으나 예수님이 살든지 죽든지 관심이 없었기 때문에 군중의 요구를 따랐습니다.

어제는 사가미(相模) 메모리얼 파크에서 추도예배를 드렸습니다. 돌아오는 길에 부목사에게 운전을 맡기고 창밖을 보자니 이상한 기분이 들었습니다. 사가에(座架依) 다리를 건너면 맞은편 왼쪽에는 쇼와 음대가 있고, 오른쪽으로 직진하면 우리 교회의 묘지가 있습니다. 제방을 따라가면 왼쪽에 공장 건물이 몇 개 있습니다. 예전에 우리 교회에 시련이 닥쳤을 때, 이 부근으로 이사 오려고 여러 번 방문한 터라 이곳을 지나게 되면 말로 표현하기 어려운 기분에 빠져들곤 합니다.

하나님이 한 사람에게 감동을 주셔서 부모에게서 받은 야마토 땅 266평을 기부해 주어 우리 교회는 자마에서 야마토로 이전하게 되었습니다. 하나님의 섭리이기는 하지만 교회당을 옮기는 일은 정말 큰 결단과 믿음이 필요합니다.

마리아와 요셉 부부는 하나님이 이집트로 가라 했을 때 말씀을 따라 이집트로 갔습니다. 이집트에서 살 만하니까 하나님은 다시 이스라엘로 돌아가라 하셨습니다. 그것도 낯선 갈릴리로 가라 하셨습니다. 우리 교회도 하나님의 뜻에 따라 이러저리 옮겨 다녀야 했습니다. 황무지였고 아무도 모르는 사람들뿐이었지만 우리 교회는 그곳에서 많은 은혜를 입었습니다. 마리아와 요셉도, 그리고 아기 예수도 낯선 땅 이집트에서, 갈릴리에서 많은 은혜를 입었을 것입니다.

저는 꽤 오랫동안 자기 전에 아버지 하나님께 7번, 예수님께 7번, 성령님께 7번, 총 21번 감사하는 기도를 드렸습니다. 그런데 얼마 전 사가키바라 미노루(榊原實) 목사가 "만약 인생에서 성공하고 싶다면 매일 감사하십시오. 천 번 감사하십시오" 해서 천 번은 많으니 백 번만 하자고 마음먹고 요즘엔 오전에 50번, 오후에 50번 감사기도를 드립니다. 처음엔 어떻게 백 번을 하나 했는데 하다 보니 그것도 몇 분 걸리지 않고 어렵지 않습니다. 그리고 신기하게도 그렇게 감사기도를 하고 나면 마음에 평안이 찾아와서 기쁨이 넘칩니다. 감사하는 습관을 들이면 하나님께서 엄청난 축복을 주십니다!

감사뿐만이 아닙니다. 예수님이 겟세마네 동산에서 땀이 핏방울이 되도록 기도하셨을 때, 쓴 잔을 마시고 싶지 않다고, 전 인류의 죄를 위해 십자가에 달려 모욕을 당하기 싫다고, 가능하면 피하고 싶다고 말씀하셨습니다. 하지만 마지막 순간에는 "아버지의 원대로 되기를 원하나이다"라고 기도하셨습니다.

너무 고통스럽고 아프고 견디기 어려운 고난이라도 이것 너머로 하나님의 섭리가 있다는 믿음으로 고난을 감당하면 하나님의 축복이 임합니다. 내 머리로는 이해할 수 없지만, 내 판단으로는 이 사건이 내게 전혀 도움이 되지 않는 것 같지만 하나님의 계획을 믿는다는 절대적인 신뢰를 보여 드리면 우리 인생은 축복의 인생이 됩니다.

이것이 곧 하나님 나라의 원리입니다. 이 원리를 알지 못하면 아무리 오랜 시간 신앙생활을 해도 우리 삶은 변하지 않습니다.

우리가 병에 걸리더라도, 삶의 막다른 곳에 이르더라도, '모든 것을 선하게 바꾸시는 하나님'이심을 믿으십시오. 이 믿음이 우리 인생을 축복의 인생으로 변화시킵니다.

꿈과 환상에 따라 이리저리 옮겨 다녀야 했던 요셉과 마리아도, 그리고 아기 예수도 커다란 결단으로 말씀에 순종했지만 왜 이렇게 힘들까 불평불만을 터트렸을지도 모릅니다. 그러나 살아남았기에 감사했고, 이스라엘로 돌아가 넉넉하지는 않았지만 목수로서 삶을 이어 갔습니다.

지금도 주님은 꿈과 환상을 통해 우리를 인도하실 때가 있습니다. 그러나 성경 말씀을 따라 사는 것이 축복받은 인생의 비결입니다.

너희가 오른쪽으로 치우치든지 왼쪽으로 치우치든지 네 뒤에서 말소리가 네 귀에 들려 이르기를 이것이 바른 길이니 너희는 이리로 가라 할 것이며(사 30:21)

말씀을 따라 살면 어리석은 자도 길을 잃지 않고 나아갈 수 있습니다.

'예배란 찬양으로 시작하여 축도로 끝난다'. 이는 전 세계 기독교 교회에서 드려지는 주일예배의 공통된 모습입니다. 그러나 나는 그 모든 것에 직구로 전력투구하지 않고 변화구도 섞어서 즐거운 축연이 되게 하기 위해 노력합니다.

우리 교회 주일예배는 7시, 9시, 11시 세 번 드립니다. 그러나 이 예배 시간이 있기까지 하나님의 도우심과 축복을 구하는 수십 시간의 기도가 드려집니다.

기록에 따르면 내가 우리 교회에서 목회하기 시작한 이후로 세례를 받은 사람이 2,643명이라고 합니다. 27명의 신도로 시작했으니 약 100배의 축복을 받은 것입니다. 현재 인터넷 조회 수는 월 평균 약 45만 건. 친절한 구글 덕분에 81개 국어로 번역이 가능해졌습니다. '세상 끝까지 복음을 전하라'는 선교 명령의 일부를 담당하게 되어 기쁘기 한량없습니다.

이 설교집은 오카무라 선교사의 열렬한 부탁으로 영어로도 번역되어 미국에서 출판하기로 했습니다.

은사님이신 무라카미 선생님의 추천 글을 받게 되어 분에 넘치게 영광스럽습니다. 출판에 협력해 주신 모든 성도님께 깊은 경의와 감사를 드립니다. 여러분의 노력과 협력이 주의 영광으로 이어지기를 진심으로 기도합니다. 축복합니다.